Klaus Ritzkopf

Worum geht es im christlichen Glauben?

Bild auf der Vorderseite des Einbands:

Pilgergruppe im Heiligen Land. Foto: Klaus Ritzkopf

Über den Autor:

Klaus Ritzkopf war von 1963 bis 1969 Pfarrer der Dietrich-Bonhoeffer-Gemeinde in der Nordweststadt Frankfurt/Main. 1969/70 verbrachte er einen einjährigen Studienurlaub in den USA als Gast der United Church of Christ. Anschließend war er von 1971 bis zu seinem Ruhestand im Jahre 1997 Pfarrer der Auferstehungsgemeinde Wiesbaden.

Mehr als 40 Jahre legte der Verfasser als evangelischer Pfarrer (immer in Neubaugemeinden) die Bibel aus, predigte und unterrichtete sie. Daraus ergab sich im Laufe der Zeit ein Gesamtbild dessen, worum es im christlichen Glauben geht.

Klaus Ritzkopf

Worum geht es im christlichen Glauben?

Ein Leitfaden durch die Bibel

Impressum:

© 2008 Klaus Ritzkopf, Taunusstein
4. überarbeitete Auflage 2014

Layout und Druckvorlage:
Biografiewerkstatt Otto, Mainz

Herstellung und Verlag:
Books on Demand GmbH, Norderstedt

ISBN-13: 978-3-837010763
Preis: 8,00 Euro

Verba volant, scripta manent.
Worte verfliegen, Geschriebenes bleibt.

Lateinisches Sprichwort

All unser Wissen über Gott
bleibt Stückwerk.
Und alles prophetische Reden über Gott
bleibt Stückwerk.
Jetzt sehen wir die Wahrheit
noch etwas verschwommen,
wie in einem Spiegel.
Aber irgendwann werden wir Gott
von Angesicht zu Angesicht
schauen dürfen.
Bis dahin wird unser Wissen über Gott
nur sehr unvollkommen sein.
Aber dann werde ich ihn richtig erkennen,
so wie ich von ihm schon erkannt bin.

Apostel Paulus, 1. Korinther 13, 9+12

Inhalt

Vorwort

Mittlerweile ist jedem klar, dass die Kenntnisse über den christlichen Glauben unter den Christen in unserem Land einen Tiefstand erreicht haben. Gelegentliche Umfragen ergeben, dass nur noch ein Bruchteil der Menschen, die getauft sind, über die grundlegenden Fakten ihres Glaubens Auskunft geben können.

Andererseits ist das Interesse an religiösen Themen gewachsen und der Wunsch, mehr darüber zu erfahren, gestiegen. Das mag daran liegen, dass wir eben in einer Zeit des Umbruchs leben.

Die Globalisierung der Wirtschaft und die tiefgreifenden Umwälzungen in der Gesellschaft entwurzeln die Menschen und verursachen Unsicherheit und Angst vor der Zukunft. Um dem gegenzusteuern wird immer wieder eine christliche Werteordnung für unsere westliche Gesellschaft als unbedingt notwendig erachtet und ein christliches Menschenbild als Orientierung gefordert. Daraus ergibt sich, den Menschen ihre geistige und kulturelle Herkunft wieder bewusst zu machen.

Doch die christlichen Kirchen haben ihre Anziehungskraft verloren. Trotzdem muss nach Wegen gesucht werden, allen Menschen die Botschaft der Bibel nahezubringen, denn ohne Glauben werden wir den Herausforderungen unserer Zeit kaum gewachsen sein.

Wenig hilfreich ist dabei, dass die Glaubensinhalte der Kirchen oft nur als kontroverse Meinungsvielfalt wahrgenommen werden und es schwierig ist herauszufinden, wer nun Recht hat. Das Wort der Bibel wurde in den letzten 2000 Jahren in Dogmen, Kirchenlehren und Glaubensbekenntnisse gezwängt, die auf bestimmte Fragen der jeweiligen Zeit Antwort zu geben versuchten. Aber es darf nicht sein, dass das Wort der Bibel auf ewig eingeengt und festgezurrt bleibt und nur noch aus der Brille der jeweiligen Kirchenlehren verkündet wird.

Darum hat das Interesse an religiösen Fragen den christlichen Kirchen selbst wenig Zulauf gebracht. Der heutige interessierte Christ will sich selbst seine Meinung bilden.

Diese Schrift soll dazu dienen, diesem neuen Fragen nach dem Kern der christlichen Botschaft eine Hilfe zu bieten und Missverständnisse aufzuklären.

Hinzu kommt die Herausforderung der Christenheit durch den Islam. Wir Christen müssen den Dialog mit den Muslimen führen, aber wir werden von ihnen als Gesprächspartner nur dann ernst genommen, wenn wir selbst wissen was wir glauben.

Wir müssen wieder zurück zur Quelle.

Folgerichtig wird in dieser Schrift versucht, die Bibel selbst zum Sprechen zu bringen. Soweit nicht anders vermerkt, wurden die Zitate der Lutherbibel entnommen.

Dies ist kein Katechismus für Erwachsene, sondern ein Leitfaden durch die Bibel für diejenigen, die sich selbst informieren wollen, denen aber der Zugang zur Bibel bisher verschlossen war.

Die Art der Darstellung und Auslegung entspricht meinem derzeitigen subjektiven Erkenntnisstand. Ich beschreibe den Glauben so wie ich ihn verstehe und dies in einer einfachen verständlichen Sprache. Dem Buch liegt der Gedanke zugrunde, dass die Geschichte Gottes mit den Menschen ein integraler Bestandteil der Weltgeschichte ist.

Wenn durch die Lektüre sich einigen Lesern ein neuer Zugang zur Bibel und zum Glauben erschließt, ist der Zweck dieses Buches erfüllt.

Taunusstein im Sommer 2007

Klaus Ritzkopf

Eine aramäische Sippe wandert nach Ur

Wer den ersten Anfängen des Glaubens nachgeht, der findet die frühesten Spuren nicht, wie man vermuten sollte, in Israel, sondern in Mesopotamien, dem heutigen Irak. Dieses heute durch Diktatur und Bürgerkrieg zerstörte und geschundene Land, erschien den Menschen vor 4000 Jahren als Inbegriff des Paradieses. Hier lokalisierte man den Garten Eden.

Das Besondere dieses Landes liegt in den Naturgegebenheiten. Es wird von zwei wasserreichen Strömen, dem Euphrat und Tigris, durchflossen. Daher der Name Mesopotamien, das heißt das Land zwischen den Flüssen. Und die lehmhaltige Erde des Landes war deshalb so fruchtbar, weil sie von der Sintflut angeschwemmt worden war. Dazu kam im Winter ein mildes Klima. Das schuf die Grundlagen für einen ertragreichen Ackerbau, der wiederum eine hohe Zivilisation und eine kulturelle Blüte hervorbrachte, die für diese frühen Zeiten der Menschheitsgeschichte einmalig war.

Die ägyptische Kultur mag noch heute eindrucksvolle Bauwerke aufweisen, aber die Kultur in Mesopotamien war deshalb so bedeutend, weil sie auf fast allen Gebieten der menschlichen Zivilisation bedeutende Fortschritte gebracht hat.

Darum ist es verständlich, dass dieses Land auf die umliegenden Nomadenstämme eine große Anziehungskraft ausübte. Unter den Einwanderern waren auch aramäische Sippen. Ihr Hauptsiedlungsgebiet lag im nördlichen Syrien, aber als Nomaden waren sie ständig unterwegs und darauf angewiesen, neue Weideplätze zu finden.

Eine dieser aramäischen Sippen zog am Euphrat entlang immer weiter nach Süden und erreichte nach langer Wanderung die Stadt Ur, die Hauptstadt der Sumerer. Die Ruinen dieser Stadt liegen heute weit landeinwärts am Mündungsgebiet des Euphrat und Tigris, das heute den Namen Schatt-al-Arab trägt. Damals war Ur wahrscheinlich eine Hafenstadt und lag direkt am Persischen Golf. Diese aramäische Sippe, aus der später so bedeutende Nachfahren wie der Stammvater der Israeliten, Abraham, kommen sollten, siedelte sich in Ur an und wurde dort sesshaft. Einen Hinweis darauf gibt uns die Bibel im 5. Buch Mose Kapitel 26, Vers 5 wo es heißt, dass der Stammvater des israelitischen Glaubens ein Aramäer war.

Diese historische Begegnung der Aramäer mit den Sumerern schuf die äußeren Voraussetzungen für diesen neuen Glauben. Die Sumerer trugen mit der Erfindung der Keilschrift dazu bei, dass dieser Glaube aufgeschrieben werden konnte, während die aramäische Sprache, die im ganzen Nahen Osten verstanden wurde, die Verbreitung ermöglichte. Zudem wuchs der neue Glaube durch die ständige Begegnung und Auseinandersetzung mit der sumerisch-babylonischen Kultur erst zu der Größe heran, die ihn in Verbindung mit dem Volk Israel zu einem Machtfaktor in der Alten Welt werden ließ.

Irgendwann waren die Sumerer selbst aus dem Osten eingewandert und hatten sich im Süden Mesopotamiens niedergelassen. Mit Fleiß, Ausdauer und ihren intellektuellen Fähigkeiten hatten sie das Land zu einem fortschrittlichen Agrarstaat entwickelt und es zu Reichtum und Ansehen gebracht. Zwischen 3500 und 2000 v. Chr. haben sie dem Land sein Gepräge gegeben und ihre kulturellen Errungenschaften wirken bis in unsere Zeit nach.

Mesopotamien, die Wiege unserer Kultur

So betrieben die Sumerer die Landwirtschaft schon mit wissenschaftlichen Methoden. Sie bauten ein System von Bewässerungskanälen und sie beherrschten die Technik der Trockenlegung von Sumpfgebieten. Die Sumerer bauten insbesondere Gerste an, die sie auch als Zahlungsmittel verwendeten. Zum Transport der erwirtschafteten Güter dienten ihnen in erster Linie die Flüsse und Kanäle.

Um diese Güter auf dem Landweg befördern zu können, erfanden sie Fahrzeuge mit Rädern. Die Räder wurden aus drei Holzstücken gefertigt und mit hölzernen Beschlägen zusammengehalten. Ochsen und Esel zogen die Wagen. Das befähigte sie, mit den umliegenden Nachbarstaaten Handel zu treiben. Wenn wir heutzutage irgendein Verkehrsmittel benutzen, sollten wir uns bewusst sein, dass die Erfindung des Rades eine großartige Errungenschaft der Sumerer war.

Die sumerische Kultur umfasste vor allem die Mathematik und Astronomie. Sie beobachteten die Mondumlaufbahnen, teilten das Jahr in 12 Monde (Monate) ein und stellten den ersten Kalender her. Daraus entwickelten sie ein Zwölfer-Zahlen-System, das von den Grundzahlen 6 bis 12 und 60 ausging.

Noch heute teilen wir das Jahr in 12 Monate, den Tag in 12 Stunden und eine Stunde in 60 Minuten ein. Der jüdische und der islamische Festkalender sowie das christliche Osterfest richten sich noch heute nach dem Mond.

Pioniere der Zivilisation waren die Sumerer auch auf dem Gebiet des Städtebaus. Da es keine Steine gab, verwendeten sie den reichlich vorhandenen Lehm und fertigten daraus Lehmziegel, die sie unter der Sonne brannten. Um mit diesen Lehmziegeln hohe Mauern und Häuser zu errichten, brauchten sie ein Bindemittel. Dabei kamen sie auf die Idee, das schwarze „Erdpech", das nichts anderes als Erdöl war und das reichlich aus der Erde hervorquoll, zu Bitumen zu verarbeiten und mit den Lehmziegeln zu vermauern. Die Tatsache, dass nach 4000 Jahren noch die Ruinen von Häusern und Türmen vorhanden sind, spricht für ihre perfekte Bauweise.

Die größte Errungenschaft der sumerischen Kultur aber war die Erfindung der Keilschrift. Sowohl in Mesopotamien als auch in Ägypten war bis dahin die Bilderschrift üblich. Für jeden Begriff wurde ein stets wiederkehrendes Bildsymbol gewählt, wobei die Aneinanderreihung einen lesbaren Text ergab, der auf Papyrus oder Stein geschrieben wurde. Da man in Mesopotamien weder Papyrus noch Steine hatte, entwickelte man hier bestimmte Zeichen, die man mit einem Griffel keilförmig in den weichen Ton eingrub, daher der Name „Keilschrift". Sie war noch keine Buchstabenschrift, aber der entscheidende Schritt dazu war getan. Vor allem waren die beschriebenen Tontäfelchen haltbar und konnten nicht verwittern.

Die Entwicklung der Bilderschrift zu einer Zeichenschrift war die wichtigste Kulturleistung der Sumerer. Nunmehr konnten alle Ereignisse festgehalten und weitergegeben werden, eine wichtige Voraussetzung für die Entstehung und Entwicklung einer Kultur und einer Religion und damit auch der Bibel.

Was ihre Religion betraf, waren die Sumerer Anhänger einer Naturreligion, wobei die Vielzahl der Götter die einzelnen Kräfte und Elemente der Natur widerspiegelte. Daneben gab es noch Stadtgötter und Familiengötter. Jedes Haus hatte einen Altarschrein, welcher der Familiengottheit geweiht war. Alle zusammen bildeten ein Pantheon von Göttern, die jeder für einen bestimmten Lebensbereich zuständig waren. Diese Götter erwarteten nach der Vorstellung der Sumerer Opfer und Verehrung. Dafür belohnten sie die Menschen mit Wohlstand und langem Leben.

Zudem brauchten die Menschen die Götter, um sich gegen die Unbilden der Natur abzusichern und zu schützen, denn es gab bisweilen unerträgliche Hitzeperioden, starke Winde und gelegentlich Überschwemmungen, die die Ernten vernichteten. Da die Götter in diesen elementaren Mächten wohnten, war die Religion der gezielte Versuch, auf diese Mächte Einfluss zu nehmen und sie zu kontrollieren.

Der Stadtgott von Ur war Nanna, der Mondgott. Ihm zu Ehren errichtete man in der Stadt eine Pyramide aus Lehmziegeln, sozusagen einen künstlichen Berg, vielleicht in Erinnerung an die großen Berge des Landes aus dem die Sumerer einst aufgebrochen waren. Berggipfel galten ihnen als Heiligtümer und Wohnstätten der Götter. Da sie keine Berge hatten, mussten sie welche bauen.

Sie nannten diese Tempelberge Zikkurats. Sie dienten nicht wie in Ägypten dazu, tote Herrscher darin zu bestatten, sondern auf dem Gipfel des Zikkurats stand der Tempel des Stadtgottes. Es war für die Bewohner der Stadt beruhigend, wenn sie von überall her den Tempel ihres Stadtgottes erblicken konnten. So fühlten sie sich behütet und sicher. Der Zikkurat von Ur hatte eine Höhe von 30 Metern und einen Grundriss von 60 x 45 Metern. Er ist heute noch gut zu erkennen.

Dass bis in unsere Tage Tempel, Heiligtümer und Kirchen bevorzugt auf einem Hügel oder Berg gebaut werden, kann auf die Vorstellungen der Sumerer zurückgehen.

Nanna, der Mondgott, war auch der oberste Gott der Sterne. Die Sumerer glaubten, er fahre, von Sternen begleitet, in einem Boot über den Nachthimmel.

Lange Zeit konnten sich die Sumerer ihrer Unabhängigkeit und ihres Wohlstandes erfreuen. Von 2047 bis 2000 v. Chr. erlebte das Land noch einmal eine Blütezeit, doch um 2000 v. Chr. eroberten die Elamiter das Land und rund 50 Jahre später ging es im großen babylonischen Reich auf, in dem die großen Errungenschaften ihrer Kultur weiterlebten und in den nachfolgenden Reichen fortentwickelt wurden.

Rückkehr nach Haran

In diese Zeit des politischen Niedergangs der Sumerer fiel der Entschluss der aramäischen Sippe, wieder in die heimatlichen Gefilde zurückzukehren. Offenbar war ihnen die Lage zu unsicher geworden. Wie lange sie sich im Lande Sumer – das Alte Testament nennt es Chaldäa – aufgehalten haben, weiß man nicht.

In 1. Mose 11, 31 heißt es: „Da nahm Terach seinen Sohn Abraham und Lot, den Sohn seines (verstorbenen) Sohnes Haran und seine Schwiegertochter Sarai, die Frau seines Sohnes Abraham, und führte sie aus Ur in Chaldäa, um ins Land Kanaan zu ziehen. Und sie kamen nach Haran und wohnten dort."

Was hier mit einigen kargen Worten geschildert wird, erforderte eine umfangreiche logistische Vorbereitung. Sie mussten ihre Sesshaftigkeit aufgeben und wieder zu Nomaden werden, denn sie hatten eine sehr weite Strecke zurückzulegen. Wie viele Menschen und Tiere die drei Clanchefs begleiteten, wird nicht erwähnt.

Die Stadt Haran lag ungefähr 2000 Kilometer von Ur entfernt. Wenn sie den Windungen des Euphrat nach Norden folgten, um für ihre Herden immer eine Wasserstelle zu finden, könnte die zurückgelegte Strecke noch erheblich länger gewesen sein.

Das heutige kleine Städtchen Haran liegt auf türkischer Seite an der Grenze zu Syrien, 30 Kilometer südlich der Stadt Urfa, etwa 200 Kilometer nordöstlich von Aleppo. Von der Stadt Haran ist überliefert, dass sie, ähnlich wie Ur, den Mondgott verehrte, dem sie einen großen Tempel baute. Allerdings nannten sie ihn nicht Nanna sondern Sin. Da man annehmen muss, dass Terach noch ein Anhänger des Mondgottes war, könnte der Aufenthalt in Haran damit in Zusammenhang stehen.

Aber nicht nur die Religion der Sumerer hatte sich die Sippe des Terach zu Eigen gemacht, sondern alle kulturellen Errungenschaften der Sumerer brachten sie mit. Sie kannten sich im Ackerbau aus, sie benutzten ihr Zahlensystem, sie waren in der Lage, mit Wagen große Strecken zurückzulegen, sie hatten gelernt, wie man eine Stadt anlegt und – das Allerwichtigste – sie wussten die Keilschrift anzuwenden. Damit konnten sie ihre Erkenntnisse niederschreiben und den nächstfolgenden Generationen weitergeben. Da die Tontäfelchen nicht verrotten, wäre es theoretisch denkbar, noch heute Aufzeichnungen des Abraham zu finden und sogar zu entziffern.

Eine wesentliche Voraussetzung für diese neue Religion war die Entwicklung des Aramäischen zu einer Weltsprache. Weil die Aramäer so zerstreut lebten, wurde ihre Sprache im gesamten Vorderen Orient verstanden und sie wurde in den folgenden Jahrhunderten zu einer Sprache der Diplomaten und Kaufleute. Alle Erlasse der assyrischen und persischen Könige, deren Reiche sich von Mesopotamien bis nach Ägypten ausdehnten, waren auf Aramäisch abgefasst. Erst nach Alexander dem Großen wurde das Aramäische durch die griechische Sprache ersetzt.

Die Israeliten entwickelten aus dem Aramäischen und der Sprache der Kanaaniter das Hebräische. So wurde das Alte Testament in hebräischer Sprache abgefasst. Die Evangelien schrieb man später in aramäischer Sprache nieder, weil die Israeliten in der Umgangssprache fast nur aramäisch sprachen. Bis in die Zeit Jesu hielten sie am Aramäischen fest, weil sie alles Griechische mieden. Das Hebräische wurde als Kultsprache nur noch in den Synagogen gebraucht. Erst der Apostel Paulus verwendete in seinen Briefen die griechische Sprache.

Abraham – der Mann des Glaubens

Nachdem alle äußeren Voraussetzungen erfüllt waren und Gott alle Wege geebnet hatte, tat Abraham, der Sohn des Terach, den entscheidenden Schritt: Er sagte sich von dem alten sumerischen Vielgötterglauben los und bekannte sich zu dem **einen** Gott.

Er ist der erste geschichtlich fassbare Mensch, der diesen Glauben an den einen Gott ausgesprochen und sich in Haran zu diesem Gott radikal bekannt hat. Welche Erfahrungen diesen Entschluss unmittelbar ausgelöst haben, wissen wir nicht. Dabei halte ich es für durchaus möglich, dass es schon vorher Menschen gab, die an den einen Gott glaubten, aber wir kennen sie nicht, weil die oben beschriebenen Voraussetzungen noch nicht gegeben waren.

Damit wurde Abraham zum Stammvater dreier Weltreligionen: des Judentums, des Christentums und des Islam. Dies sind die drei abrahamitischen Weltreligionen. Doch ihren Geburtsort Haran kennt heute fast niemand mehr.

Nach diesem Entschluss sagte Gott zu Abraham: „ Gehe aus deinem Vaterland und von deiner Verwandtschaft und aus deines Vaters Haus in ein Land, das ich dir zeigen werde." (1. Mose 12, 1)

Diese Aufforderung, sich vollkommen Gott anzuvertrauen, wird mit einer großen Verheißung verbunden: „Ich will dich zum großen Volk machen und will dich segnen und dir einen großen Namen machen und du sollst ein Segen sein ..... und in dir sollen gesegnet werden alle Geschlechter auf Erden." (1. Mose 12, 2+3b)

Und Abraham tat, wie ihm der Herr befohlen hatte.

Mit sich nahm er seine Frau Sara und Lot, den Sohn seines Bruders. Dazu kamen „die Leute, die sie in Haran erworben hatten". Offenbar hatte er schon in Haran eine kleine Anhängerschar gesammelt. Auf Geheiß ihres Gottes zogen sie dann in das Land Kanaan. Nach einem kurzen Zwischenaufenthalt in Ägypten, wurden sie danach in Kanaan sesshaft. Bald darauf trennten sich die Wege des Abraham und des Lot.

Abrahams Bewährung

Auf zwei Ereignisse im Leben des Abraham soll hier näher eingegangen werden, weil sie für den Fortgang der Geschichte von großer Bedeutung sind.

Das erste Ereignis betrifft die Frage der Nachkommenschaft. Gott hatte dem Abraham die Verheißung mitgegeben, dass er seine Nachkommen zu einem großen Volk machen werde. Aber seine Frau Sara war unfruchtbar und je älter sie wurde, desto unwahrscheinlicher war eine Schwangerschaft.

Eine Lösung suchte Abraham dadurch, dass er seine ägyptische Magd Hagar noch zur Frau nahm. Das war bei allen Völkern zur damaligen Zeit üblich. Obwohl Sara zuerst damit einverstanden war, keimte in ihr jedoch bald die Eifersucht. Als sich die Reibereien zuspitzten, floh Hagar. In der Wüste begegnete sie einem Engel, der ihr sagte, dass sie einen Sohn gebären werde, den sie Ismael nennen sollte. Auch aus ihm sollte ein großes Volk entstehen. Sie gebar Ismael und kehrte danach wieder zu Abraham zurück.

Bald darauf erneuerte Gott an Abraham sein Versprechen, ihm und seiner Frau Sara einen Sohn zu schenken und aus ihm ein großes Volk machen. Und er fügte hinzu: „Und ich will dir und deinem Geschlecht nach dir das Land geben, darin du noch ein Fremdling bist, das ganze Land Kanaan, zu ewigem Besitz und will ihr Gott sein." (1. Mose 17, 8)

Offensichtlich galt diese Zusage nur dem Sohn der Sara und nicht beiden Söhnen. Und das biologische Wunder geschah: Sara und Abraham empfingen Isaak, das Kind der Verheißung, dazu heißt es: „und mit ihm will ich meinen ewigen Bund aufrichten und mit seinem Geschlecht nach ihm."(1. Mose 17, 19+21)

Ismael war 14 Jahre alt, als Isaak geboren wurde und Abraham war 100 Jahre alt.

Einige Jahre danach begannen die Streitereien zwischen Sara und Hagar erneut. Jetzt schickte Abraham Hagar und Ismael in die Wüste, wo sie fast verdurstet wären.

Hier gehen religionsgeschichtlich die Linien auseinander. Während Judentum und Christentum ihre Herkunft von Isaak herleiten, behauptet der Islam, von Ismael abzustammen. Darum verlegt der Koran die Geschichte der Hagar nach Mekka. Ihr Schicksal spielt dann eine größere Rolle bei der Pilgerfahrt. Alle Verheißungen an Abraham werden im Koran nun auf Ismael übertragen, was dem ursprünglichen biblischen Befund allerdings widerspricht.

Das zweite Ereignis, über das zu berichten ist, betrifft eine Geschichte, die viele Fragen aufwirft. In 1. Mose 22 steht, dass Gott dem Abraham befahl, seinen Sohn („deinen einzigen Sohn, den du lieb hast") auf dem Berge Morija zu opfern.

Alles war zur Opferung vorbereitet, der Vater hatte sozusagen schon das Messer in der Hand, da rief ihm ein Engel zu, seinen Sohn nicht zu töten und stattdessen ein Lamm zu schlachten, das sich in den Dornen verfangen hatte.

Wichtig ist zunächst einmal der Ort. Die Überlieferung besagt, dass dieser Berg Morija der heutige Tempelberg in Jerusalem ist. Hier stand seit den Tagen Davids bis zum Jahr 70 n. Chr. der jüdische Tempel. Es ist der heiligste

Platz der Juden. Unzählige Gläubige beten noch heute an der hohen Tempel-mauer.

Dieser Berg ist zugleich nach islamischer Überlieferung jener Ort, von dem Mohammed mit dem Fabeltier Burak gen Himmel gefahren ist. Darum steht hier der berühmte islamische Felsendom. Jerusalem ist nach Mekka der heiligste Ort des Islam.

Aber welche Bedeutung hat diese Geschichte für den christlichen Glauben?

Zunächst ist es eine Glaubensprobe für Abraham. Ist er wirklich bereit, seinem Gott zu gehorchen und ihm die Verheißungsgabe wieder zurückzugeben? Denn in diesem Kind ist alles umschlossen und verbürgt, was ihm Gott an Heil und Segen versprochen hatte! Aber dieses Kind ist nicht ein Gut, auf das er einen Anspruch hätte. Es ist nicht sein Besitz, sondern das Kind bleibt Geschenk und Gnade.

Offensichtlich bestand Abraham diese größte denkbare Versuchung und Glaubensprobe, weil er wusste, dass Gott zu seinem Wort stehen wird und er darauf vertraute.

Diese Geschichte bezeichnet auch einen religionsgeschichtlichen Ein-schnitt. Es war unter den Völkern der damaligen Zeit Brauch, den Göttern den erstgeborenen Sohn zu opfern in der Hoffnung, ihnen würden dann umso mehr Söhne geschenkt. Die Ablösung des Menschenopfers durch das Opfern von Tieren und später durch eine rein geistige Verehrung Gottes war ein langer Prozess, aber der Anfang liegt bei Abraham.

In der christlichen Kirche wird das Lamm, das an Stelle des Knaben stirbt, auf Jesus übertragen. „Siehe, das ist Gottes Lamm, das der Welt Sünde trägt", das sagte Johannes der Täufer, als er Jesus erblickte.

Und zuletzt: Das spätere Israel und das jüdische Volk, das diese Geschich-te las, konnten nicht anders, als sich selbst in diesem Knaben auf dem Opfer-altar zu erkennen. Wie oft in seiner Geschichte wurde dieses Volk auf den Op-feraltar gelegt und dann doch wieder dem Leben zurückgegeben. Und so wie Gott diesen Knaben Isaak aus der Freiheit seiner Gnade leben ließ, so durfte dieses Volk, obwohl es schon oft am Rande der völligen Vernichtung und

Auslöschung stand, immer wieder vom Opferaltar herabsteigen und am Leben bleiben – bis zum heutigen Tag!

Im Koran wird Isaak – entgegen dem biblischen Befund – durch Ismael ersetzt. In Erinnerung daran feiern die Moslems das Schaffest, an dem ein Lamm geschlachtet wird.

Nach der Bibel erreichte Abraham das hohe Alter von 175 Jahren. Er starb alt und lebenssatt und wurde an der Seite seiner Frau Sara in der Höhle Machpela, die Abraham von dem Hethiter Efron erworben hatte, begraben. Über dieser Höhle in Hebron erhebt sich heute der Haram el Khalil, eine Moschee. Im Inneren stehen vier Mausoleen mit den Kenotaphen von Abraham, Sara, Jakob und Lea. Eine kleine vergitterte Öffnung im Fußboden erlaubt einen Blick in die dunkle Höhle.

Die Kinder Jakobs werden zu Kindern Israels

Es entsprach dem Wunsch Abrahams, dass sein Sohn Isaak keine Kanaaniterin heiraten sollte, sondern eine Aramäerin. Also musste ein Knecht nach Haran ziehen und für Isaak eine Frau aussuchen. Aus dieser Ehe gingen die Zwillinge Esau und Jakob hervor, wobei Jakob später seinem Bruder Esau das Erstgeburtsrecht für ein Linsengericht abkaufte. Daraus entwickelte sich ein Bruderzwist, der dazu führte, dass Jakob flüchten musste. Und wieder fand er Zuflucht bei einem Verwandten in Haran, der Heimatstadt Abrahams.

Mit zwei Ehefrauen und einer großen Herde, für die er 20 Jahre lang arbeiten musste, kehrte er wieder nach Kanaan zurück. Auf dem Rückweg hatte Jakob am Fluss Jabbok, einem Nebenfluss des Jordan, eine besondere Begegnung. In der Nacht hatte er zunächst seine beiden Frauen Lea und Rahel und seine inzwischen elf Söhne über eine seichte Furt an das andere Ufer gebracht. Als er wieder alleine an das andere Ufer zurückkehrte, begegnete er einem Mann, „der rang mit ihm, bis die Morgenröte anbrach." (1. Mose 32, 23 ff.) Im Verlaufe dieses Kampfes sagt Jakob: „Ich lasse dich nicht, du segnest mich denn." Daraufhin sprach der Mann: „Du sollst nicht mehr Jakob heißen, sondern Israel, denn du hast mit Gott und den Menschen gekämpft und hast gewonnen." Und er segnete ihn daselbst.

Seit dieser Zeit nennen sich die Nachkommen Jakobs „Kinder Israels".

Nach der Versöhnung mit seinem Bruder Esau lebte Jakob in Kanaan zusammen mit seinen zwei Ehefrauen Lea und Rahel und seinen inzwischen zwölf Söhnen.

Da Jakob seinen jüngsten Sohn Josef besonders begünstigte und ihm manche Vorteile gewährte, versuchten die anderen Brüder ihn los zu werden. Schließlich kamen sie auf die Idee, ihn als Sklaven an eine vorbeikommende Karawane zu verkaufen. Dem Vater sagten sie, er sei von einem Löwen zerrissen worden. Die Karawane brachte ihn nach Ägypten.

Dort machte sich Josef einen Namen als Traumdeuter. Als solcher wurde er sogar an den Hof des Pharao gerufen. Nachdem Josef eine große Dürrezeit vorausgesagt hatte, machte ihn der Pharao zum Herrn über die ägyptischen Kornkammern.

Als die Dürre auch das Land Kanaan überzog und die Brüder Josefs keine Nahrung mehr hatten, schickte Jakob einige seiner Söhne nach Ägypten, um etwas Korn einzukaufen. Hier wurden sie von Josef erkannt, aber die Brüder erkannten ihn nicht. Josef steckte sie zunächst ins Gefängnis, aber dann versöhnte er sich mit ihnen und bat sie, in Ägypten zu bleiben. Auch die anderen Brüder und der Vater wurden nachgeholt.

Die Josefsgeschichten sind die spannendsten und anrührendsten Geschichten, die es im Alten Testament gibt. Sie stehen 1. Mose 37-46.

Jedenfalls lebten die Kinder Israels seit der Zeit wieder in der Fremde. Dass sie offenbar relativ leicht die ansonsten stark bewachte Grenze nach Ägypten überwinden und sich dort ansiedeln konnten, lag wahrscheinlich daran, dass Ägypten damals selbst unter einer Fremdherrschaft stand. Das semitische Reitervolk der Hyksos hatte um 1670 v. Chr. die Ägypter im Handstreich besiegt und sich ungefähr 110 Jahre dort halten können. Ihre Übermacht verdankten sie der Tatsache, dass sie erstmals in der Geschichte mit Streitwagen und Pferden in die Schlacht zogen und den ägyptischen Fußtruppen weit überlegen waren.

Solange die Hyksos an der Macht waren, ging es den Kindern Israel gut. Doch Pharao Ahmose vertrieb sie endgültig, vereinte um 1550 v. Chr. Ägypten im so genannten „Neuen Reich" und seine Nachfolger führten das Land zu neuer Blüte.

Jetzt regierten plötzlich Pharaonen, „die Josef nicht kannten", wie es in der Bibel heißt, und damit veränderte sich die Lage der Kinder Israels dramatisch. Jetzt wurden sie als Fremdlinge angesehen und mussten Frondienste leisten. Letztlich endeten sie in der Sklaverei und damit war ihnen die Rückkehr in ihr Heimatland verwehrt. Denn die Ägypter betrachteten sie als billige Arbeitskräfte.

Sie lebten völlig isoliert, aber gerade diese Isolation ermöglichte es ihnen, an ihrem Glauben festzuhalten und damit ihren Zusammenhalt zu festigen. Vielleicht bedurfte es dieses langen Aufenthaltes in der Fremde, um sich ihres eigenen Glaubens bewusst zu werden. Nur ihr Glaube hielt sie am Leben und gab ihnen Hoffnung.

Das hinderte sie jedoch nicht daran, die hoch entwickelte Kultur Ägyptens kennenzulernen. Vielleicht liegt der Vorzug Israels vor allen anderen Völkern gerade darin, dass sie die zwei bedeutendsten Kulturen der Alten Welt, nämlich die sumerische und die ägyptische Kultur in sich aufgenommen haben.

Mit ziemlicher Sicherheit haben sie während ihres Aufenthaltes auch die „kulturelle Revolution" miterlebt, die unter dem Pharao Amenophis IV. (1364-48 v. Chr.) stattfand. Dieser hatte gegen eine übermächtige Priesterschaft den Glauben an **einen** Gott durchgesetzt. Dieser eine Gott, den er fortan anbetete, war die Sonne (Aton). Während die Pharaonen vor ihm als Verkörperung des Himmelsgottes Horus galten, sah er sich nur als Mensch. Deshalb änderte er seinen Namen Amenophis IV. in Echnaton, das heißt „Es freut sich die Sonne." Um zu zeigen, dass mit ihm eine neue Ära begann, verließ er die alte Residenz Theben und gründete Amarna als neue Hauptstadt. Seine Ehefrau, die heute bekannter als er selbst ist, war Nofretete. Ihre Büste wurde von deutschen Wissenschaftlern in Amarna ausgegraben und ist in Berlin zu besichtigen. Allerdings hatten seine religiösen Reformen keinen Bestand, weil sie nur eine Reform von oben waren. Nach seinem Tode wurde sein Name von allen Säulen und Tempelwänden gelöscht.

Sein Sohn und Nachfolger Tut-ench-Aton kehrte zu der alten Religion zurück und änderte seinen Namen in Tut-ench-Amun und gab damit zu erkennen, dass er wieder die alten Götter anbetete. Das Grab des Tut-ench-Amun, der schon mit 18 Jahren starb, wurde 1922 von dem Engländer Howard Carter fast unversehrt entdeckt und die Schätze dieser Grabkammer im ägyptischen Museum in Kairo gehören zu den Highlights jeder Ägyptenreise.

In den letzten Jahren wurde darüber zu spekuliert, ob Echnaton von dem Glauben der Israeliten beeinflusst wurde oder umgekehrt. Auszuschließen ist beides nicht. Zumindest ein Text von ihm hat in der Bibel Aufnahme gefunden. Sein Sonnenhymnus diente als Vorlage für den 104. Psalm.

Die Geburt des Mose und seine Erziehung als Prinz

Trotz aller Bedrängnis wuchs das Volk Israel. Die Israeliten wurden so zahlreich, dass der Pharao auf Abhilfe sann. Schließlich ordnete er an, alle neugeborenen Söhne der Israeliten im Wasser des Nils zu ertränken, um der israelitischen Bevölkerungsexplosion Einhalt zu gebieten. Nur die Töchter sollten am Leben bleiben.

In dieser kritischen Zeit wurde einer israelitischen Frau ein Knabe geboren. Doch sie konnte zunächst das Kind verstecken, indem sie es in einem Weidenkörbchen im Nil aussetzte. Dort fand eine Tochter des Pharao das Kind und nahm es als ihren Sohn an. Sie nannte ihn Moses.

Moses ist eigentlich kein Name. Im Ägyptischen heißt er soviel wie „Der Sohn von...". In jener Zeit des Neuen Reiches war es üblich, dass sich Pharaonen, wenn sie ins Amt kamen, einer bestimmten Schutzgottheit unterstellten. Das sollte auch im Namen zum Ausdruck kommen. So hießen die ersten Pharaonen des Neuen Reiches Ahmose – Sohn des Lebens, Thutmosis – Sohn des (Gottes) Thot oder später Ramses – Sohn des (Gottes) Ra.

Von seinem Namen her hätte Moses also durchaus einmal Pharao werden können.

Fest steht, dass Moses am königlichen Hof erzogen wurde und er eine erstklassige Ausbildung und Erziehung genoss, die ihn für seine zukünftige Aufgabe – von der er noch nichts wusste – vorbereitete. Welche Aufgabe das sein würde und welchem Gott er sich dann unterstellen würde, das blieb zunächst noch völlig offen. Beide Wege – der israelitische und der ägyptische – wären theoretisch möglich gewesen.

Es ist anzunehmen, dass Moses seine Herkunft kannte. In 2. Mose 2 wird erzählt, dass die Pharaonentochter die leibliche Mutter des Kindes ausfindig machte und ihr zeitweise sogar das Kind überließ. Dadurch wurde Moses schon früh bewusst, dass er eigentlich kein Ägypter, sondern ein Israelit war.

Moses kehrt zu seinem Volk zurück und muss fliehen

Obwohl Moses am Hofe des Pharao eine glänzende Karriere vor sich hatte und er durch seine Erziehung jedes Führungsamt hätte übernehmen können, entschloss er sich eines Tages, dem Leben am Hofe des Pharao den Rücken zu kehren und zu dem Volk zurückzukehren, aus dem er einmal kam.

Diese Flucht aus der Pharaonenfamilie veränderte sein Leben vollkommen.

Welche Rolle ihm Gott jetzt zugedacht hatte, davon ahnte Moses noch nichts. Zunächst wollte er nur seinem Volk helfen und seine Fähigkeiten in den Dienst seines Volkes stellen. Aber er wurde enttäuscht.

Als er sich im Lager der Israeliten als einer der Ihren zu erkennen gab, vermutete man hinter ihm wahrscheinlich einen Spion, der von den Ägyptern unter sie eingeschleust werden sollte.

Um den Israeliten nun ganz eindeutig zu beweisen, dass er ein Israelit und kein Ägypter war, griff Moses zu einer ganz außergewöhnlichen Maßnahme. Als in seiner Gegenwart ein ägyptischer Aufseher einen Israeliten schwer misshandelte, schlug er den Ägypter tot. Damit war für alle Israeliten erwiesen auf welcher Seite er stand, aber zugleich war Moses klar, dass er fliehen musste, um nicht selbst von den Ägyptern erschlagen zu werden.

Er entkam auf die Halbinsel Sinai. Dort lebten die Midianiter, die von Abraham abstammten. In 1. Mose 25 wird berichtet, dass Abraham nach dem Tod seiner Frau Sara noch einmal heiratete. Aus dieser Verbindung ging der Sohn Midian hervor. Seine Nachkommen siedelten sich unter anderem im Sinai an und man darf annehmen, dass sie auch an den Gott Abrahams glaubten.

Moses fand Aufnahme bei einem Priester Jethro, der ihn bat seine Herden zu hüten. Durch Jethro bekam Moses, der bis dahin wohl eher in der ägyptischen Religion unterrichtet worden war, seine ersten Instruktionen im Glauben seiner Väter.

Moses heiratete eine Tochter des Jethro und richtete sich darauf ein, sein weiteres Leben als Hirte zu verbringen. Tag für Tag zog er mit den Herden seines Schwiegervaters durch die Wüsten des Sinai auf der Suche nach guten Weideplätzen und frischen Quellen, wo er seine Herde tränken konnte. Meist schlief er unter freiem Himmel.

So wurde er mit den Gegebenheiten des Sinai vertraut. Er lernte die Schönheiten, aber auch die Gefahren der wilden Wüstenlandschaft kennen – alles wertvolle Erfahrungen, die ihm später unschätzbare Dienste erweisen sollten.

Geradezu akribisch hat Gott den Moses auf seine zukünftige Aufgabe vorbereitet.

Gott beruft Moses und sagt, wie er heißt

Eines Tages wurde Moses auf einer seiner Wanderungen auf ein merkwürdiges Phänomen in der Wüste aufmerksam. Er bemerkte, dass vor ihm ein Busch brannte, ohne zu verbrennen.

Bald darauf hörte er eine Stimme: „Ziehe deine Schuhe aus, denn der Ort auf dem du stehst, ist heiliges Land… Ich bin der Gott Abrahams, der Gott Isaaks und der Gott Jakobs… Ich habe das Elend meines Volkes gesehen und ihre Leiden erkannt… So gehe nun hin. Ich will dich zum Pharao senden, damit du mein Volk aus Ägypten führst." Darauf entgegnete Moses: „Wenn ich nun zu den Israeliten komme und zu ihnen spreche, werden sie mich fragen: Was ist denn der Name dieses Gottes? Was soll ich dann sagen?" Da antwortete die Stimme: Mein Name ist יהוה (2. Mose 3).

Dieses so genannte Tetragramm ist sehr schwierig zu übersetzen. Die einfachste Übersetzung lautet: „Ich bin für euch da", oder „Ich bin der Allgegenwärtige." Da das Althebräische nur eine reine Konsonantenschrift kannte (später wurden die Vokale als Punkte oder Striche unter oder über die Konsonanten gesetzt), bleibt unklar, wie der Name JHWH ausgesprochen wurde. Man nimmt an, dass die Kinder Israels ihren Gott Jahwe nannten.

Nach antiker Vorstellung bestand zwischen dem Namen und seinem Träger ein enger wesensmäßiger Bezug. Im Namen existiert sein Träger und er beschreibt das Wesen und die Macht des Trägers. Außerdem braucht man den Namen, um ihn anzurufen.

Nach dieser Vision am Dornbusch verabschiedete sich Moses von Jethro und zog mit seiner Frau Zippora zu seinem Volk zurück nach Ägypten.

Hier begegnete er seinem Bruder Aaron und Moses verkündete dem Volk, was ihm Gott aufgetragen hatte. Als die Israeliten hörten, dass sich Gott ihres Elends angenommen habe, neigten sie sich vor Gott Jahwe und beteten ihn an.

Der Auszug (Exodus)

Wahrscheinlich erfolgte der Aufbruch um 1210 v. Chr., unmittelbar nach dem Tod von Pharao Ramses II. Damit hätten die Kinder Israels ungefähr 450 Jahre in Ägypten verbracht. Es war das erste Exil dieses Volkes. Weitere sollten folgen.

Der lange Aufenthalt in Ägypten war zwar eine Zeit voller Elend und Entbehrungen, aber in Ägypten und in der sich anschließenden Wüstenzeit hat dieses Volk zu sich selbst und zu seinem Gott gefunden. Dass dieses Volk sich durch die Jahrtausende seine Identität bewahrt und sich immer wieder erneuert hat, hängt gewiss damit zusammen, dass es diese Exilzeiten gab.

Die Zeit des Aufbruchs aus Ägypten war äußerst klug gewählt. Zunächst musste man das Ende der Herrschaft von Ramses II. abwarten, denn er war ein großer und bedeutender Herrscher, dessen Monumentalbauten das Gesicht dieses Landes bis heute prägen. Der gigantische Felsentempel von Abu Simbel und die Tempelanlagen von Luxor und Karnak sind Zeugnisse seiner Macht. Um seine Größe zu beweisen, gründete er eine neue Hauptstadt „Pi-Ramses" im Nildelta, an deren Erbauung die Israeliten wohl einen maßgeblichen Anteil hatten. Ramses II. regierte 67 Jahre und überlebte zwölf seiner Söhne.

Als er plötzlich starb, musste sein 13. Sohn Merenptah, der bei seiner Krönung schon ein alter Mann war, seine Nachfolge antreten. Seine Autorität war gering und überall musste er Unruhen im Reich unterdrücken und sich gegen Feinde zur Wehr setzen. Er regierte von 1213 bis 1203 v. Chr. Besonders machten ihm die „Seevölker" zu schaffen, die aus der Ägäis kommend, das Mittelmeer unsicher machten. Sie wagten sogar, plündernd in das ägyptische Nildelta einzufallen, was den Israeliten, die dort wohnten, signalisierte, dass sich die politische Lage zu ihren Gunsten geändert hatte. Ein Teil dieser Seevölker, die sich Philister nannten, ließen sich schließlich an der Küste des Landes Kanaan nieder und spielten später in der Geschichte Israels eine nicht unbedeutende Rolle.

Diese günstige politische Konstellation machte Mose und Aaron Mut, nun vor den Pharao zu treten und ihn um die Freigabe der Kinder Israel zu bitten. Doch Merenptah lehnte aus verständlichen Gründen ab. Es bedurfte erst verschiedener „Plagen", die Gott über die Ägypter kommen ließ, um ihn zum Einlenken zu bewegen. Die letzte Plage drohte dem Pharao an, dass alle erstgeborenen Söhne der Ägypter sterben würden, wenn er nicht nachgebe. Die Israeliten sollten ein Lamm schlachten und mit dem Blut den Türpfosten bestreichen. Dann würde der Todesengel sie verschonen. Jetzt willigte der Pharao ein.

Das Signal zum Aufbruch muss dann ganz plötzlich erfolgt sein. Denn „das Volk trug den rohen Teig, ehe er durchsäuert war, in Backschüsseln und in Mäntel gewickelt, auf ihren Schultern." (2. Mose 12, 34) Darum essen die Juden am Sabbath bis zum heutigen Tag ungesäuerte Brote.

Um den Philistern aus dem Wege zu gehen, nahm Mose den beschwerlichen Weg durch die Wüste. In Eilmärschen versuchte er den Ägyptern zu entkommen, wobei Gott bei Tag durch eine Wolkensäule und in der Nacht durch eine Feuersäule den Weg wies.

Doch plötzlich standen sie vor dem Schilfmeer, dem nördlichen Ausläufer des Roten Meeres. Ihre Lage war ziemlich aussichtslos. Im Norden die Philister, im Süden das breiter werdende Rote Meer und hinter ihnen die Ägypter. Als sich Angst und Verzweiflung unter den Israelis breit machte, betete Mose zu Gott und das Wunder geschah. Das Meer wich zurück und sie konnten durch eine Furt das rettende Ufer erreichen. Was da wirklich geschah, lässt sich kaum mehr nachvollziehen. War es eine starke Gezeitenflut oder, wie unlängst vermutet wurde, ein durch ein Seebeben verursachter Tsunami? Niemand weiß es. Jedenfalls ist diese Errettung aus der Hand der Ägypter die große Heilstat Gottes, an die sich das israelitische Volk bis an den heutigen Tag mit großer Dankbarkeit erinnert.

Dass Merenptah der Pharao des Auszugs war, dafür spricht die so genannte „Israel-Stele", die Archäologen 1896 ausgruben und auf der Merenptah seine Heldentaten preist. Diese, in der ägyptischen Literatur erstmalige Erwähnung Israels besagt, dass „Israel verheert ist und seine Felder nicht mehr existieren." Dass in Ägypten gerne Niederlagen in Siege umgemünzt werden, entspricht politischer Propaganda. Als sein Vater Ramses im Jahr 1285 in der Schlacht bei Kadesch eine blamable Niederlage gegen die Hethiter erleiden musste, hielt ihn nichts davon ab, im ganzen Land auf den Pylonen der Tempel sich als großer Sieger feiern zu lassen. Wahrscheinlich wollte Merenptah nur verkünden, dass die Ägypter das entvölkerte Siedlungsgebiet der Kinder Israels im Nildelta zerstört und dem Boden gleichgemacht haben. Wahrlich keine große Heldentat!

Mit dem Erreichen der Halbinsel Sinai hatte Israel nun alle Brücken hinter sich abgebrochen. Ein Zurück war nicht mehr möglich.

Die Gottesoffenbarung am Sinai

Nach der Errettung aus der Hand der Ägypter zog das Volk weiter durch die wildzerklüftete Landschaft und erreichte nach drei Monaten eine weite Ebene am Fuße des Berges Sinai. SIN-AI heißt: Berg des Mondgottes Sin. Also ausgerechnet an jenem Ort, an dem vorzeiten noch dem Mondgott geopfert wurde, wollte Gott – der alleinige wahre Gott – das Verhältnis zu seinem Volk regeln, dessen Urahnen noch selbst dem Mondgott gedient hatten.

Die Übergabe des Gesetzes Gottes auf dem Mondberg bedeutete den endgültigen Schlussstrich für alle heidnischen Kulte.

Dieses Grundgesetz Gottes galt in erster Linie dem Volk Israel, aber grundsätzlich gilt es für alle Menschen, die an diesen einen Gott glauben. Wer an diesen Gott glaubt, verpflichtet sich, diese Sätze zu übernehmen, die das

Verhältnis zwischen Gott und den Menschen für alle Zeiten regeln. Sie gelten für alle Menschen, die diesen Glauben annehmen, unabhängig von der Zeit, in der sie leben und unabhängig von Rasse und Volk, der diese Menschen angehören. Der Glaube an diesen Gott und der Glaube an dieses Regelwerk der zehn Gebote sind untrennbar miteinander verbunden. Ein Glaube an Gott ohne dieses Regelwerk ist undenkbar und dieses auszulassen und durch ein anderes zu ersetzen, wie im Koran geschehen, widerspricht total der Absicht, die Gott mit diesem Gesetz verband.

Diese Leitsätze markieren eine Grenze, die der Mensch nicht überschreiten sollte, wenn er den Frieden mit Gott und den Frieden untereinander nicht gefährden will. Diese Gebote sind der Wertekanon, der allen anderen weiterführenden Gesetzen, die der Mensch fortan erlässt, zugrunde liegen sollte. Außerhalb dieses Wertekanons sollten die Menschen, die an diesen einen Gott glauben, sich nicht bewegen, wenn sie nicht in Chaos, Anarchie und Unmenschlichkeit fallen wollen. Dies ist der Grund, warum Gott seinem Volk, stellvertretend für alle Völker, diese Sätze verkündete.

Um diese Gebote in Empfang zu nehmen, befahl Gott dem Mose, alleine auf den Berg Sinai zu steigen. Am dritten Tag nach der Besteigung sollte die Gottesoffenbarung erfolgen. „Da erhob sich ein Donnern und ein Blitzen und eine dichte Wolke war über dem Berg und es ertönte der Ton einer sehr starken Posaune. Das ganze Volk aber, das im Lager war, erschrak. Und der ganze Berg Sinai rauchte, weil der Herr auf den Berg herabfuhr im Feuer. Und der Rauch stieg auf wie der Rauch von einem Schmelzofen und der ganze Berg bebte sehr." (2. Mose 19, 16+18)

Unter diesen dramatischen Begleitumständen übergab Gott dem Mose die auf zwei Steintafeln geschriebenen Gebote:

Die zehn Gebote Gottes – der Dekalog

Um die Gebote für den heutigen Menschen verständlich zu machen, wurden einige umformuliert, unter Umständen auch gekürzt oder etwas erweitert.

Die erste Tafel handelt von Gott, die zweite Tafel regelt den Umgang der Menschen untereinander.

1. Tafel

1. Gebot: Ich bin der Herr, dein Gott, der einzige und wahrhaftige Gott, der dich erlöst und dir ein neues, befreites Leben schenkt.

2. Gebot: Du sollst dir von Gott kein Bild machen und es nicht anbeten.

3. Gebot: Du sollst den Namen Gottes nicht missbrauchen.

4. Gebot: Beachte den Tag der Ruhe. Er ist ein von Gott geheiligter Tag.

2. Tafel

5. Gebot: Du sollst alten Menschen mit Respekt begegnen.

6. Gebot: Du sollst nicht töten.

7. Gebot: Du sollst keine Ehe und Familie zerstören.

8. Gebot: Du sollst nicht stehlen.

9. Gebot: Du sollst nichts Unwahres über deine Mitmenschen sagen.

10. Gebot: Du sollst nicht habgierig sein.

Das vierte Gebot verbindet die erste und zweite Tafel, weil es sowohl von Gott als auch vom Menschen handelt. Denn an diesem Tag sollen sich Gott und die Menschen begegnen, indem sie aufeinander und voneinander hören und miteinander reden.

Weil der Dekalog eine so große Bedeutung hat, bedürfen die einzelnen Gebote einer gesonderten Betrachtung.

Das erste Gebot:

- Dies ist eigentlich kein Gebot, sondern eine mit allem Nachdruck getroffene Feststellung, dass es nur einen Gott gibt und demzufolge es völlig ausgeschlossen ist, dass es noch einen anderen Gott geben kann! Dies ist die erste Proklamation des Ein-Gott-Glaubens, ein Vermächtnis, das dem Volk Israel seine Einzigartigkeit gegeben hat. Es ist die erste Urkunde des Monotheismus. Dieser eine und einzige Gott ist nicht Amun-Re, wie die Ägypter behaupteten. Es ist auch nicht der Sonnengott Aton, wie der Pharao Echnaton verkündete, oder der Mondgott, der auf dem Berge verehrt wurde, sondern es ist der Gott Abrahams, Isaaks und Jakobs, der Gott, der sein Volk aus der Knechtschaft der Ägypter befreit hat.

- Dieses Gebot war damals für Israel und ist heute für uns das Gebot der Befreiung. Es befreit den Menschen von der Annahme falscher Leitbilder und Führer, die sein Leben zu bestimmen suchen. Es befreit den Menschen von der Gier nach Geld und Gütern, die als Ersatzgötter an die Stelle Gottes treten. Und es zeigt einen Ausweg aus der Sucht (Drogen, Alkohol u.a.). Denn jede Sucht führt in eine innere Knechtschaft, aus der sich der Mensch aus eigener Kraft oft nicht befreien kann.

- Zuletzt befreit das erste Gebot den Menschen von der Angst. Denn wenn dieser eine Gott wirklich die einzige und größte Macht ist und der Mensch sich im Glauben dieser Macht unterstellt, dann muss alle Angst vor wem und was auch immer weichen, selbst die Angst vor dem Tod.

Das zweite Gebot:

- Dieses Gebot will uns sagen, dass dieser Gott **unvorstellbar** groß und mächtig ist. Das heißt: Er steht jenseits unseres Vorstellungs- und Denkvermögens. Darum kann und darf dieser Gott nicht mit Ton, Holz, Stein oder Ähnlichem dargestellt werden. Selbst die beschränkte Kraft unseres Verstandes reicht nicht aus, um ihn sich vorzustellen. Da Israel jahrhundertelang in Ägypten lebte und ständig von Götterstatuen umgeben war, bedeutet dies eine klare Ablehnung aller Kult- und Götterbilder.

- Diese Abkehr von einem sichtbaren Gottesbild wird nun durch die Vorstellung der Allgegenwart Gottes ersetzt. Am besten bringt das der 139. Psalm zu Ausdruck: „Ich gehe oder liege, so bist du um mich und siehst all meine

Wege... Von allen Seiten umgibst du mich und hältst deine Hand über mir. Diese Erkenntnis ist mir zu wunderbar und zu hoch. Ich kann sie nicht begreifen."

Das dritte Gebot:

- Da der Name das Wesen und die Person des Trägers repräsentiert, bedeutet die Verunglimpfung eines Namens gleichzeitig auch die Verunglimpfung der betreffenden Person. Als sich Gott dem Mose offenbart, sagt er ihm seinen Namen – Jahwe. Dies ist im Alten Testament die gebräuchlichste Anrede Gottes. Doch es gibt im Alten Testament auch Überlieferungen, die einen anderen Gottesnamen verwenden, zum Beispiel Elohim. Das bedeutet „Herr aller Mächte." Jesus verwendete eine Kurzform dieses Gottesnamen, als er am Kreuz ausrief: „Eli, Eli lama asaphtani – Mein Gott, mein Gott, warum hast du mich verlassen." Von Elohim abgeleitet ist Allah. Darum reden die Muslime und viele arabische Christen Gott mit Allah an.

- Es geht aber nicht nur um den Missbrauch des Gottesnamens. In diesem Gebot liegt vor allem die Aufforderung, den Gottesnamen zu gebrauchen. Gott hat uns seinen Namen gegeben, um über ihn und mit ihm zu reden. Das dritte Gebot fordert uns dazu auf, zu Gott zu beten. Wir sollen uns im Gebet an Gott und an Jesus Christus wenden und es wäre eine Missachtung es nicht zu tun.

Das vierte Gebot:

- Erstmals in der Geschichte der Menschheit wird für den arbeitenden Menschen ein Tag der Ruhe verordnet. „Sechs Tage sollst du arbeiten und alle deine Werke tun, aber der siebte Tag ist der Tag des Herrn, da sollst du kein Werk tun." (2. Mose 20, 9) Bei den Juden war es der Sabbath, die Christen nahmen den Sonntag, weil Jesus am ersten Tag der Woche auferstanden ist. Dieses Gebot hat sich weltweit durchgesetzt hat, selbst in Ländern mit anderem religiösen Hintergrund.

- Aber der Sonntag ist nicht nur Ruhetag. Er ist der Tag des Herrn. Es ist der Tag, der dem Herrn heilig ist. Es sollte der Tag sein, an dem sich Gott und Mensch begegnen, Trost und Kraft für den Alltag suchen und sich für die Woche neu ausrichten lassen. Es ist Sache der Kirche und der Gemeinden, diesen Tag beziehungsweise den Gottesdienst so zu gestalten, dass die Gläubigen diese Gelegenheit gerne wahrnehmen, gerne zur Kirche kommen und diese Begegnung zwischen Gott und Mensch wirklich stattfindet.

Das fünfte Gebot:

- Die zweite Tafel des Dekalogs, die mit dem fünften Gebot beginnt, versucht das zwischenmenschliche Leben zu ordnen, das heißt, den Schwächeren vor dem Stärkeren zu schützen, den Einzelnen vor Schaden zu bewahren und ein Leben zu ermöglichen, in dem Gerechtigkeit und Gewaltfreiheit herrscht.

- Dabei räumt die Bibel der Sorge um den alten Menschen die erste und höchste Priorität zu. Das ist ein erstaunlicher Vorgang. Der ältere Mensch als das schwächste und verletzlichste Glied der Gesellschaft verdient den besonderen Schutz und Beistand. Dieses Gebot ist also keine pädagogische Anweisung für Kinder, sondern es geht um das Verhältnis der erwachsenen Kinder zu ihren alt gewordenen Eltern. Wenn wir über unsere Eltern sprechen, sollten wir immer bedenken, dass es uns nicht gäbe, wenn sie uns nicht empfangen, großgezogen, ernährt und uns für das Leben vorbereitet hätten. Ein Glücksfall, wenn sie uns auch den Glauben weitergegeben haben. Seit Menschengedenken baut eine Generation auf der nächsten auf und reicht das weiter, was sie an Wissen und Erfahrung gesammelt hat. Darum sind wir von Gott aufgerufen, verantwortungsvoll, verständnisvoll und liebevoll mit den Menschen umzugehen, deren Lebenskraft abnimmt.

- Ich denke, dass es auch im Sinne dieses Gebotes ist, den kranken und behinderten Menschen diese Fürsorge angedeihen zu lassen.

Das sechste Gebot:

Dieses Gebot sagt, dass das menschliche Leben nicht in der Verfügbarkeit des Menschen liegt. Das Leben ist das größte Geschenk, das wir von Gott empfangen haben. Darum liegt es allein an Gott, wann er uns wieder dieses Leben nimmt. Diese klare Ansage für das Leben beinhaltet einige Konsequenzen.

Dieses sechste Gebot nimmt Stellung

- gegen den Krieg
- gegen Mord und Totschlag
- gegen die Todesstrafe
- gegen die aktive Sterbehilfe
- gegen die Tötung des heranwachsenden Lebens im Mutterleib und
- gegen das vermeintliche Recht, sich selbst zu töten.

Das siebente Gebot:

- Die Ehe beziehungsweise die Familie ist die Grundlage menschlichen Zusammenlebens. Mann und Frau sind füreinander geschaffen und ergänzen sich. Die Ehe ist die Institution, in der neues Leben entsteht und die Familie gibt dem heranwachsenden Kind die Sicherheit und den Schutz, den es auf seinem Weg zum Erwachsenwerden benötigt. Beide Elternteile haben die Verantwortung für ihre Kinder und tragen dazu bei, dass dieser bergende Schutzraum der Familie erhalten bleibt. Darum untersagt das Gebot, die eigene oder eine andere Ehe absichtlich und leichtfertig zu zerstören oder aufs Spiel zu setzen.

- Die Ehe und Familie entspricht dem Gebot des Schöpfers: „Seid fruchtbar und mehret euch und füllet die Erde und machet sie euch untertan." (1. Mose 1, 28a)

- Die Ehe basiert auf der beiderseitigen Zusage der Treue gegenüber dem Ehepartner. Das heißt: Mann und Frau vertrauen sich einander an. Durch dieses gegenseitige Treuebekenntnis wird die Ehe vollzogen und bei der kirchlichen Eheschließung vor Gott bestätigt. Die Ehe ist nach evangelischem Verständnis kein Sakrament.

Das achte Gebot:

- Soweit ein Mensch sein Eigentum rechtmäßig erworben und erarbeitet hat, darf sein Eigentum von niemandem angetastet werden. Das bedeutet aber auch,

- dass Hehlerei, Korruption und Betrug Diebstahl sind und

- dass durch Ausbeutung erworbenes Eigentum Diebstahl bleibt.

- Da alle Güter dieser Erde von Gott geschaffen sind und er sie den Menschen kostenlos schenkt, sollten sich einzelne Menschen oder Staaten nicht im Übermaß daran bereichern. Dazu gehören unter anderem die Früchte des Feldes, die Wälder, die Tiere, die Fische im Meer, die Erze, die Kohle und das Erdöl. Diese Güter hat Gott alleine gemacht. Sie dürfen nicht rücksichtslos ausgebeutet werden. Dies gehört zur Bewahrung der Schöpfung und wir müssen lernen, achtsam damit umzugehen. Und weil sie Gott gehören, sollten alle Menschen daran gerecht beteiligt werden. Diese Reichtümer sollten allen zu Gute kommen. Es ist ungerecht, dass viele auf Kosten der anderen im Überfluss leben und die Schwachen sich gegen die Starken nicht zur Wehr zu setzen können. Früher hat man ein Teil dieser Gaben Gott geopfert. Heute sollte man überlegen, wie dieses Opfer an Gott aussehen könnte. Die ganze Armutsdiskussion müsste unter dem Gesichtspunkt neu überdacht werden.

Das neunte Gebot:

- Wer mit falschen Aussagen, bösen Gerüchten und bewussten Lügen seine Mitmenschen beleidigt, fügt ihnen großen Schaden zu. In der Bergpredigt sagt Jesus, dass eine solche Verhaltensweise sogar Menschen zu Tode bringen kann (Matthäus 5, 21-22). Das neue Wort „Mobbing drückt das aus, was das Gebot meint.

- Des Weiteren geht es in diesem Gebot um die Wahrung der Integrität des Wortes und der Sprache. Denn das Wort ist das Mittel, mit dem die Menschen sich untereinander verständigen. Das Wort muss eindeutig und wahrhaftig bleiben. Wenn die Wahrheit zur Lüge verdreht wird, ist der Weg zum Unfrieden, Krieg und Chaos nicht sehr weit. Wer die Sprache beschädigt, legt die Axt an die Wurzel des friedlichen Miteinanders der Menschen. Worte können erfreuen, trösten und heilen, aber sie können auch zerstören, entzweien und großes Unheil anrichten. Das neunte Gebot fordert uns dazu auf, dass jeder Mensch sich der Verantwortung für sein Reden bewusst wird.

Das zehnte Gebot:

- Das zehnte Gebot rundet den Dekalog ab, indem es wieder an das erste Gebot anknüpft. Ging es im ersten Gebot um Gott, so geht es im zehnten Gebot um den Mammon. Jesus bringt in der Bergpredigt den Zusammenhang auf den Punkt, wenn er sagt: Ihr könnt nicht Gott dienen **und** dem Mammon. Das eine schließt das andere aus. Der Gott des Geldes und der Habgier ist der negative Gegenpol zu dem wahren Gott. Es ist die ungezügelte Habsucht, die jedes Bemühen, eine gerechte, friedliche und menschenwürdige Gesellschaft aufzubauen, untergräbt, weil die Habsucht alle Regeln und Gesetze außer Kraft zu setzen sucht und nur das eigene Wohlleben im Blick hat. Die Habgier verursachte auch die Bankenkrise und führte die Weltwirtschaft an den Rand des Abgrunds.

- Außerdem ist die Habgier die Ursache für die meisten kriminellen Delikte.

- Unser Bemühen sollte darauf ausgerichtet sein, jedem Menschen die gleichen fairen Chancen zu geben. Jeder Mensch sollte seine individuellen Gaben, Fähigkeiten und Möglichkeiten nutzen, um ein zufriedenes, glückliches Leben zu ermöglichen, ohne dem anderen zu schaden. Statt Habsucht sollten Dankbarkeit, Bescheidenheit und Mäßigung unser Leben bestimmen.

Jesus sagt: Der Sinn der Gebote ist Liebe

Ein Schriftgelehrter fragte einmal Jesus: „Meister, welches ist das höchste Gebot im Gesetz?" Da antwortete Jesus: „Du sollst den Herrn, deinen Gott, lieben von ganzem Herzen, von ganzer Seele und mit deiner ganzen Gesinnung. Das andere Gebot aber ist dem gleich: Du sollst deinen Nächsten lieben wie dich selbst. In diesen beiden Geboten hängt das ganze Gesetz und die Propheten."(Matthäus 22, 35-40) Das heißt: Es gibt eigentlich nur **ein** Gebot, nämlich das Gebot der Liebe. Die Liebe ist die Lebensader, die mich mit Gott und meinem Nächsten verbindet. Und indem ich meinen Nächsten liebe, gebe ich Gott die Liebe, die er mir schenkt, zurück. Die zehn Gebote sind nur Vorkehrungen, um Liebe zu ermöglichen. Sie warnen und ebnen die Wege, damit die Liebe sich entfalten und segenreich wirken kann.

Der Dekalog und das Vaterunser – ein Vergleich

Der Dekalog und das Vaterunser gehen von den gleichen Fragestellungen aus. Beide Texte stellen jeweils die alttestamentliche und die neutestamentliche Sichtweise dar und ergänzen sich.

Fragestellung	*Dekalog*	*Vaterunser*
Wer ist Gott	Ich bin der Herr, Dein Gott	Unser Vater
Wo ist Gott	Nicht in einem Bildnis	Der du bist im Himmel
Wie erreiche ich Gott	Über meinen Namen	Geheiligt werde Dein Name
Die Zeit Gottes	Der Tag der Ruhe	Dein Reich komme
Die Botschafter und Stellvertreter Gottes	Die Generationenfolge der Eltern	Dein Wille geschehe im Himmel also auch auf Erden
Der Wille Gottes	Leben zu schenken und zu erhalten	Unser tägliches Brot gib uns heute
Der Mensch in der Gemeinschaft	Zerstöre nicht die Ehe und Familie	Und vergib uns unsere Schuld wie auch wir vergeben unseren Schuldigern
Die 1.Versuchung	Du sollst nicht stehlen	Und führe uns nicht in Versuchung
Die 2.Versuchung	Du sollst nichts Unwahres sagen	Und führe uns nicht in Versuchung
Die 3.Versuchung	Du sollst nicht habgierig sein	Erlöse uns von dem Bösen

Nach dem Gesetzgebungsakt am Sinai war das Verhältnis zwischen Gott und seinem Volk geordnet. Gott hatte auf Grund des Dekalogs mit dem Volk Israel einen Bund geschlossen und der Vertragstext war nun für beide Seiten gültig. Das Volk Israel verpflichtete sich, entsprechend diesem Vertragstext zu leben, und Gott versprach, mit diesem Volk eine besondere Partnerschaft einzugehen und es in das versprochene Land Kanaan zurückzubringen.

Jesus hat in der Bergpredigt die Gültigkeit dieses Dekalogs für uns Christen bestätigt.

Natürlich gab es und gibt es immer wieder Fragen, ob man diese Gebote überhaupt halten könne. Aber diese Gebote sind keine Bürde, die Gott uns aufladen will. Gebote sind Wegweiser und Hinweisschilder, die uns anzeigen sollen, wo es langgeht. Sie sollen dem Leben der Menschen eine klare Ausrichtung geben. Die Gebote dienen der Gewissensbildung und wollen eine klare Unterscheidung von Recht und Unrecht und von Gut und Böse ermöglichen. Erstaunlicherweise sind sie auch heute noch aktuell und anwendbar. Und wenn Konflikte und schwierige Entscheidungen anstehen, dann sollten sie im Geist der Liebe entschieden werden. Kein Mensch wird diese Gebote hundertprozentig erfüllen können. Das konnte nur einer: Jesus Christus.

Die Rückkehr ins Land der Väter und Staatenbildung

Noch weitere 40 Jahre musste das Volk in der Wüste bleiben, ehe es ihm von Gott gestattet wurde, den Jordan zu überschreiten. Selbst Moses war es nicht vergönnt, das verheißene Land zu betreten. Lediglich vom Berge Nebo aus durfte er noch einen Blick auf das verheißene Land werfen, ehe er starb und an einem unbekannten Ort bestattet wurde.

Als sein Nachfolger wurde Josua bestimmt. Der hatte Kundschafter ausgesandt, die das Land auspähen sollten, und sie berichteten von einem Land, in dem Milch und Honig fließe. Bei der Stadt Jericho machten sie eine Furt durch den Jordan aus und erreichten nach einem halben Jahrtausend wieder das Land, das Gott Abraham verheißen hatte. Die Stadt Jericho ergab sich, als die Männer Israels mit viel Getöse um die Stadt herumzogen, andere Städte mussten erobert werden. Dann wurde das Land unter die zwölf Stämme aufgeteilt.

Aber bald stellte sich die Frage, wie sie ihren neuen Staat organisieren sollten. Wer sollte sie führen? Wie sollte man Streitpunkte schlichten?

Über eine Frage wurden sie sich relativ bald klar. Sie wollten keinen König an ihrer Spitze wie die meisten Nachbarvölker. Sie meinten, dass Gott ihr König sei und dem alleine wollten sie sich anvertrauen. Doch wer sollte ihre Streitkräfte führen, wenn sie von außen angegriffen würden? Sie einigten sich darauf, dass sie jeweils für eine begrenzte Zeit aus den Stämmen einen Richter wählen wollten. Der sollte die Krieger um sich sammeln und als letzte Instanz auch Gerichtsurteile sprechen. Die bekanntesten Richter waren Gideon, Samuel, Debora und der bärenstarke Simson. Gegner waren meist die Philister, die sie ja schon von Ägypten her kannten.

Die Könige Israels residieren in Jerusalem

Mit der Zeit setzte sich die Erkenntnis durch, dass es doch besser wäre, wenn man einen König hätte, um in Augenhöhe mit den anderen Staaten zu konkurrieren.

Der erste König war Saul, der sich allerdings nicht lange halten konnte. Ihm folgte David, ein einfacher Hirtenjunge aus Bethlehem, der durch große Heldentaten auf sich aufmerksam gemacht und das Volk begeistert hatte. Seine größte Tat war sein Sieg über den Riesen Goliath, einen Philister, den er mit einer einfachen Steinschleuder tötete. So kam es, dass die Stämme Israels ihn in der Stadt Hebron zum König wählten.

Als erstes machte er sich daran, dem Staat eine richtige Hauptstadt zu geben und dazu hatte er die Jebusiterfestung Jerusalem ausersehen Sie hatte bisher allen Eroberungsversuchen widerstanden. Wie ein Fremdkörper lag Jerusalem im Siedlungsgebiet der Israeliten. Dieses Felsennest schien uneinnehmbar.

Schließlich fand David heraus, dass die lebensnotwendige Wasserquelle der Stadt außerhalb der Stadtbefestigung lag und das Wasser durch einen Tunnel in die Stadt geleitet werden musste. Also musste man versuchen, durch diesen Schacht in die Stadt zu kommen, um so die Jebusiter zu überraschen.

Er trug diesen Plan seinen Männern vor und sagte: „Wer es wagt, durch diesen Wasserkanal in die Stadt zu kommen, der soll mein oberster Hauptmann werden." Da trat Joab, der Sohn des Zeruja, vor und erklärte sich bereit. Das Unternehmen war risikoreich. Der Verlauf des Kanalsystems war unbekannt. Joab hätte stecken bleiben, ertrinken oder in dem zum Teil senkrechten Schacht abstürzen können, aber der Coup gelang. Die Überraschung war perfekt.

Wie das Ganze ablief, wird nicht berichtet. Jedenfalls konnte die Stadt eingenommen werden und David machte sie nicht nur zur Hauptstadt, sondern auch zum kultischen und kulturellen Mittelpunkt der zwölf Stämme. Seitdem ist Jerusalem sowohl für Juden und Christen, als auch später für den Islam die "Heilige Stadt", arabisch El Kuds.

Übrigens begann man in dieser Zeit, systematisch in den Stämmen die vorhandenen Traditionen und Schriften zu sammeln und aufzuschreiben, die später im Alten Testament Eingang gefunden haben.

König David hat vierzig Jahre regiert und die Stämme kraft seiner Persönlichkeit zusammengehalten und das Land stabilisiert. Darum gilt er in der Bibel als das Vorbild eines guten und gerechten Herrschers. Er besiegte die Philister, eroberte das Ostjordanland und dehnte sein Herrschaftsbereich nach Norden aus.

Seinem Sohn und Nachfolger Salomo wird zwar große Weisheit nachgesagt, aber er hatte nicht das Format seines Vaters. Er gebärdete sich als ein Alleinherrscher, trieb mit großer Härte die Steuern ein und teilte sein Reich in zwei Großprovinzen ein, was sich später als fataler Fehler erweisen sollte. Er baute eine neue Residenz, um unter anderem die Königin von Saba standesgemäß empfangen zu können und erweiterte die Stadt. Aber sein wichtigstes Projekt war, den ersten Tempel in Jerusalem zu erbauen.

Der Tempelbau und die Spaltung des Reiches

Schon David hatte dafür den Bauplatz gekauft und den Tempel geplant. Es war die höchste Erhebung der Stadt und sie wurde seit Jahrhunderten als Dreschplatz benutzt, weil dort immer ein rauer Wind wehte, der die Spelzen vom Korn trennte.

Erst unter Salomo wurde der Bau in Angriff genommen. Der Tempel war nicht sehr groß. In unsere vertrauten Maßeinheiten übertragen war das Gebäude rund 30 Meter lang, 15 Meter hoch und 10 Meter breit. Das Volk hatte zu dem Tempel keinen Zutritt. Er war nur als Wohnstätte Gottes gedacht und in ihm wurde die Bundeslade mit den Gesetzestafeln aufbewahrt. Weil einige Israeliten meinten, dass ihr Gott eigentlich keinen Tempel brauche, ging Salomo bei der Einweihung in seiner Festansprache darauf ein und sagte: „Wohnt denn Gott wahrhaftig auf Erden? Fürwahr, die Himmel fassen Dich nicht, wie viel weniger dieses Haus, das ich erbaut habe. Aber der Name Gottes wird in diesem Haus wohnen." (1. Könige 8, 27)

Der Tempel, der sehr viele Wallfahrer anzog, erwies sich später auch als ein wichtiger Wirtschaftsfaktor, wovon hauptsächlich die Südprovinz profitierte. Die Stämme im Norden konnten kaum Wohlstand entwickeln, was zu erheblichen Spannungen führte.

Als Salomo starb und sein Sohn Rehabeam die Regentschaft übernahm, begab er sich nach Sichem, um sich dort von den Nordstämmen huldigen zu lassen. Aber hier wurde Tacheles geredet. Die Nordstämme stellten Forderungen, die jedoch vom designierten König rundum abgelehnt wurden. Daraufhin erklärten die Nordstämme ihre Unabhängigkeit von Jerusalem und erhoben Jerobeam zu ihrem König. Nun war Israel in zwei Teile geteilt. Der Nordteil nannte sich Israel, der Südteil nannte sich Juda.

Die Mahner Gottes – die Zeit der Propheten

Nachdem der Tempel in Jerusalem seine einigende Klammer eingebüßt hatte, bestimmte Jerobeam, dass die beiden Heiligtümer Dan und Beth-El dem Nordreich als Ersatz für Jerusalem dienen sollten. Doch die Gottesdienste verkümmerten und die Feste verkamen zu reinen Ritualen. Außerdem stand das schwache Nordreich sehr unter dem Einfluss des mächtigen Nachbarlandes Phönizien, dessen Religion sich zunehmend in Israel ausbreitete. Die Lage spitzte sich zu, als ein Nachfolger des Jerobeam, König Ahab, die phönizische Prinzessin Isebel zur Frau nahm.

In dieser gespannten Situation trat Elia, der erste der Propheten, auf und ermahnte Ahab dringend, zu dem alten Gottesglauben zurückzukehren. Propheten traten sowohl im Nordreich als auch im Südreich auf. Es waren Männer aus dem Volk, die Gott in einer bestimmten Notlage berief und ihnen auftrug, seinen Willen an das Volk auszurichten.

Sie waren Mahner im Auftrage Gottes, die zur Umkehr und zum Gehorsam gegenüber Gott aufriefen und gleichzeitig Gottes Gericht androhten, wenn die Menschen nicht den Weisungen Gottes folgen würden. Sie waren das mahnende Gewissen, durch das Gott selbst zu seinem Volk sprach. Dieses Wächteramt nahmen verschiedene Propheten wahr: Elia, sein Schüler Elisa, Amos, Hosea, Micha, Jesaja, Jeremia und Hesekiel, um nur die bedeutendsten zu nennen. Zugleich prophezeiten sie das Kommen eines Heilsbringers, eines Messias.

Das Gericht, das die Propheten ankündigten, beschrieben sie mit drastischen Worten und sie sprachen davon, dass das Unheil aus Mesopotamien kommen würde. Das assyrische Großreich hatte einen mächtigen Heerbann aufgestellt und man befürchtete, dass sie sich in Richtung Israel und Juda in Marsch setzen würden. Die Assyrer waren für ihre äußerste Grausamkeit und Brutalität bekannt und wohin sie kamen, verbreiteten sie Angst und Schrecken.

Archäologen haben herausgefunden, dass in jener Zeit sowohl in Israel als auch in Juda hektisch die Stadtmauern erhöht und verbreitet, Türme erbaut und große Getreidespeicher angelegt wurden. Doch das Unheil ließ sich nicht aufhalten.

733 v. Chr. annektierte Tiglatpileser III. den größten Teil des Nordreiches. Lediglich die Hauptstadt Samaria widerstand. Zehn Jahre später eroberte Sargon II. nach dreijähriger Belagerung Samaria. Damit hörte das Nordreich auf zu existieren. Noch schlimmer: Die Oberschicht wurde deportiert und durch eine fremde Bevölkerung ersetzt. Juda hatte sich beizeiten unterworfen und blieb als Vasallenkönigtum erhalten. Als der König Hiskia einige Jahre später versuchte, sich aus der Umklammerung Assyriens zu lösen, schloss der assyrische König Sanherib Jerusalem ein und Hiskia musste sich mit einem hohen Tribut freikaufen. Eine Stele, auf der Hiskia kniend vor Sanherib den Tribut überreicht, ist erhalten. Eine gewisse Lockerung erfuhr Juda dadurch, dass das assyrische Großreich allmählich erlahmte. 612 v. Chr. erlag die assyrische Hauptstadt Ninive dem Ansturm der Babylonier und Meder. 598 wurde Jeru-

salem erstmals von den Babyloniern belagert, aber die Stadt ergab sich und entging so der Zerstörung. Als der von den Babyloniern eingesetzte Vasallenkönig Zedekia es jedoch wagte, entgegen den Warnungen Jeremias, sich von Babylon zu befreien, kam es zur Katastrophe: 587 v. Chr. wurde Jerusalem einschließlich des Tempels nach eineinhalbjähriger Belagerung von Nebukadnezar II. vollkommen zerstört und große Teile der Bevölkerung wurden nach Babylonien deportiert. Juda wurde babylonische Provinz. Das davidische Königtum gab es nicht mehr.

Die babylonische Gefangenschaft

Zum zweiten Mal in seiner Geschichte mussten die Israeliten nun in einem fremden Lande leben. Nach Ägypten waren sie freiwillig gegangen. Nur der Hunger hatte sie dorthin getrieben. Dort konnten sie zunächst auch in relativer Freiheit leben, bis der politische Kurswechsel des Neuen Reiches sie der Sklaverei unterwarf. Nach Babylonien kamen sie nach einer militärischen Niederlage als geschlagenes und gedemütigtes Volk. Nun waren sie wieder in das Land zurückgekehrt, aus dem Abraham einst ausgezogen war, nachdem Gott zu ihm gesprochen hatte.

Da den Siegern bewusst war, dass die Stärke des israelitischen Volkes in ihrem Glauben lag, hatte sich die babylonische Führung entschlossen, vor allem die Oberschicht, einschließlich der gesamten Priesterschaft, zu deportieren. Dadurch kam im Lande das religiöse und kulturelle Leben völlig zum Erliegen.

Den Exilierten versuchte man nun in einer Art Gehirnwäsche ihren Glauben auszureden und sie langsam mit der babylonischen Religion und Kultur vertraut zu machen. Jetzt musste sich erweisen, ob sie an ihrem Glauben festhielten und in der Lage waren, den religiösen Vorstellungen der Babylonier etwas Eigenes entgegenzusetzen. Wenn ihnen die Babylonier zum Beispiel ihre Schöpfungsmythen erzählten, dann mussten sie sich damit auseinandersetzen und einen eigenen Entwurf erarbeiten.

Das Gute daran war, dass die Israeliten dadurch umfassend mit der hoch stehenden babylonischen Kultur, die aus der sumerischen Kultur hervorgegangen war, bekannt gemacht wurden. Sie staunten über den hohen Standard der

Astronomie und sie bewunderten den Turmbau zu Babel, an dessen Bau sie vielleicht noch mitwirken mussten.

So wurde die Zeit des Exils trotz aller Not eine der schöpferischsten Zeiten in der Geschichte Israels. Hier wurden die Priester angeregt, über Fragen nachzudenken, die bisher eher am Rande lagen, und die Antworten, die sie formulierten, haben das Weltbild der Israeliten für die Zukunft nachhaltig geprägt.

Zum Glück dauerte die babylonische Gefangenschaft „nur" etwa 50 Jahre. Die neue aufstrebende Macht waren die Perser, deren König Kyros II. zunächst das Volk der Meder besiegte. Die Umstände dieser „Schlacht" sollten erwähnt und zur Nachahmung empfohlen werden: Im Jahr 550 v. Chr. entschloss sich der König der Meder, die aufstrebende Macht der Perser in die Schranken zu weisen. Die beiden Heere stießen zusammen, aber es kam nicht zur Schlacht. Weil die Soldaten der Meder ihre Unterlegenheit erkannten, nahmen sie ihren König fest und lieferten ihn den Persern aus. Damit war die Schlacht beendet. Kyros, von dem Propheten Jesaja als Werkzeug Gottes begrüßt, besiegte 539 v. Chr. den letzten König der Babylonier und zog in Babylon ein.

Im Unterschied zu den Assyrern und Babyloniern respektierten die Perser die Religion und die Kulte ihrer Untertanen. In dem so genannten „Erlass des Kyros" wurden die Israeliten aus ihrer Gefangenschaft entlassen und gleichzeitig wurde ihnen erlaubt, den Tempel in Jerusalem wieder aufzubauen. Der Wiederaufbau wurde nach der Rückkehr sofort in Angriff genommen und im Jahr 515 konnte der „zweite Tempel" vollendet und eingeweiht werden.

Gott und die Welt

Bis jetzt hatten die Israeliten nur das Wirken Gottes in ihrer Geschichte beschrieben. Sie hatten die einzelnen Geschichten, die bei den Stämmen in Umlauf waren, gesammelt, aufgeschrieben und danach in eine gewisse Ordnung gebracht. Diese Art der Geschichtsschreibung sollte beweisen, dass der Gott ihrer Väter durch die Geschichte mit ihnen handelte, dass er hinter den Kulissen der Geschichte die Fäden zog und einzelne Menschen im Auftrage dieses Gottes die Geschichte Israels maßgebend gestalteten. Nachzulesen ist diese

Geschichte in den fünf Büchern Mose, dem Buch Josua, dem Buch der Richter, den zwei Büchern Samuel, den zwei Büchern der Chronik und den Büchern Esra, Nehemia und Ester. Die Geschichte fing mit Abraham an und sie endete vorerst mit der Rückkehr aus der babylonischen Gefangenschaft.

Aber hatte Gott nur etwas mit Israel zu tun? Wenn ihr Gott der einzige Gott war, dann musste er auch diese Welt erschaffen haben. Also mussten sie Antworten finden, die die kosmologische Bedeutung ihres Gottes bedachte. Sie mussten nun die Fragen, die in Babylonien an sie gestellt wurden, aufarbeiten und diese neuen Erkenntnisse in einen theologischen Rahmen fassen.

Den Ertrag dieser neuen theologischen Erkenntnisse legten sie in fünf Geschichten nieder, die am Anfang der Bibel stehen. Es sind die Geschichten der Schöpfung, des Sündenfalls, die Geschichte von Kain und Abel, die Geschichte der Sintflut und die Geschichte vom Turmbau zu Babel. Man nennt sie die biblische Urgeschichte.

Diese fünf Geschichten bestechen durch ihre Kürze, Einfachheit, Klarheit und die Tiefe ihrer theologischen Erkenntnis. Es gibt kaum einen anderen Text, in dem die Höhen und Tiefen der Geschichte Gottes mit den Menschen so eindrucksvoll beschrieben und dargelegt werden wie in dieser biblischen Urgeschichte. Sie bedient sich in ihrer Erzählweise der orientalischen Bildersprache, die sich dem heutigen Menschen erst beim näheren Hinsehen erschließt.

Die Urgeschichte am Anfang der Bibel ist vergleichbar mit einer Präambel, die in die Fragestellungen und Probleme der Bibel einführt. Sie ist vergleichbar mit einem Vorwort zur Bibel, das nicht nur die Schwerpunkte der Geschichte Gottes mit den Menschen darlegt und die verschiedenen Stufen der Gottesbeziehung aufzeigt, sondern auch die Weite und die Dimension göttlichen Handelns im Heil und im Gericht in einem einmaligen theologischen Entwurf vorstellt. Ja, man kann sagen, dass die Urgeschichte sogar schon auf das Neue Testament hinweist.

Ihrer Bedeutung entsprechend soll auf den Inhalt und den inneren Zusammenhang dieser Geschichten im Folgenden ausführlich eingegangen werden.

Um den Rahmen dieser Veröffentlichung nicht zu sprengen, werden nur die wichtigsten Verse im Wortlaut abgedruckt. Es empfiehlt sich also, diese Geschichten in der Übersetzung Martin Luthers nachzulesen.

Sechs Stufen der Gottesbeziehung

Die Beziehung des Menschen zu Gott steht im Mittelpunkt der gesamten Bibel. Gott hat den Menschen erschaffen und ihm klare Aufgaben zugeteilt. Durch den Dekalog sind die Beziehungen zwischen Gott und dem Menschen klar geregelt. Verstößt der Mensch gegen die ihm gegebenen Regeln, verletzt er die ihm gesetzten Grenzen, wird Gott darauf reagieren. Auf der einen Seite ist Gott bemüht, alles zu tun, damit der Mensch diese Regeln versteht und erkennt, dass sie zu seinem Schutz erlassen worden sind, aber Gott wird, wenn der Mensch ungehorsam bleibt, ihn nicht ungestraft davonkommen lassen. Sein Tun wird immer Konsequenzen haben.

Trotzdem gibt Gott seine Versuche nicht auf, das ursprüngliche, gottgewollte Freundschaftsverhältnis wiederherzustellen. Das Kommen Jesu ist der letzte Versuch Gottes, den Menschen wieder zu gewinnen.

Die fünf Geschichten der biblischen Urgeschichte markieren die einzelnen Stufen der Gottesbeziehung, die erst im Neuen Testament fest gegründet wird.

Schöpfung	**Sündenfall**	**Kain und Abel**	**Sintflut**	**Turmbau**	**Neues Testament**
Gott erschafft die Welt und den Kosmos und gibt den Pflanzen und Tieren das Leben. Zuletzt erschafft er den Menschen und beauftragt ihn, die Schöpfung zu bearbeiten und zu erhalten.	↓ Gott schenkt dem Menschen einen großen Freiraum. Aber er gibt ihm auch Weisungen, das heißt er setzt ihm Grenzen. Doch der Mensch erliegt den Versuchungen und übertritt die ihm gesetzten Grenzen. Daraufhin wird er von Gott aus seiner unmittelbaren Nähe verstoßen.	↓ Jetzt hat er die Nähe Gottes verloren. Daraus entstehen Frust, Hass und Feindschaft, die sich auch gegen den Menschenbruder richten. Es kommt zu Morden und Kriegen.	↓ Als die Zügellosigkeit der Menschen sich nicht nur gegen die Mitmenschen, sondern auch gegen die Schöpfung selbst richtet, schlägt diese zurück und vernichtet den Menschen. Nur diejenigen werden in der Arche gerettet, die entgegen allem Augenschein das Vertrauen zu Gott nicht verloren haben.	↑ Doch wie kommen die Menschen wieder in die Nähe Gottes? Sie wollen aus eigener Kraft und eigenem Bemühen den Kraftakt schaffen. Sie wollen selbst so groß sein wie Gott, kraft ihres Verstandes und kraft ihrer ausgefeilten Technik. Der Turm ist ein Symbol ihrer Größe. Doch Gott zerstört diesen Turm der Maßlosigkeit und Selbstüberschätzung.	Nun gibt Gott dem Menschen noch eine letzte Chance. Weil der Mensch Gott nicht erreichen kann, kommt Gott zu ihm. Er öffnet den Himmel und er schickt Jesus zu den Menschen. Durch ihn kann die ursprüngliche Gemeinschaft zwischen Gott und den Menschen wiederhergestellt werden. ↓ ↓ ↓ †

Die beiden Schöpfungsgeschichten

Es gibt zwei Schöpfungsgeschichten in der Bibel, die zu verschiedenen Zeiten völlig unabhängig voneinander entstanden sind. Sie unterscheiden sich im Aufbau, Inhalt und Zielsetzung.

Die ältere Schöpfungsgeschichte, die heute in der Bibel an zweiter Stelle steht, wurde wahrscheinlich in der Zeit des Königs David konzipiert. Der lange Aufenthalt in Ägypten und die entbehrungsreiche Wanderung durch die Wüste waren bei dem Volk noch in lebendiger Erinnerung und diese Erfahrungen flossen in die Darstellung der Schöpfungsgeschichte mit ein.

Die jüngere Schöpfungsgeschichte, die ganz am Anfang der Bibel steht, wurde durch die intensiven Auseinandersetzungen und die Begegnung mit der babylonischen Kultur und Religion notwendig. Mathematik und Astronomie waren in Babylonien zu großer Blüte gekommen und die Ergebnisse dieser Wissenschaften wurden zum Teil von den Israeliten übernommen und in den Dienst der Verkündigung ihres Gottes gestellt. Diese Schöpfungsgeschichte ist ungefähr 500 Jahre jünger, sie ist wesentlich ausführlicher und sie setzt andere Schwerpunkte.

Beide Schöpfungsgeschichten setzen voraus, dass der Gott, der das Volk Israel aus Ägypten geführt und mit ihm am Sinai einen Bund geschlossen hat, auch derselbe Gott ist, der die Welt gemacht hat.

Dabei setzen die israelitischen Priester das Material sehr geschickt ein, um ein überzeugendes, geschlossenes Bild der Weltentstehung vorzustellen.

Die ältere Schöpfungsgeschichte

1. Buch Mose, Kapitel 2, Vers 4-8, 15 und 18-25

Sie ist einfach und plausibel und ganz nach dem Prinzip des Analogieschlusses aufgebaut. Das heißt: Uralte, feststehende, alltägliche Erfahrungen und Tatbestände werden auf den Anfang der Schöpfung übertragen, wobei die einzelnen Schöpfungsakte exakt dem Erfahrungshorizont des damaligen Menschen entsprechen.

Die Schöpfung ist also kein mythologisches Geschehen, das mit irgendwelchen Göttergeschichten verbunden wird, wie es im Alten Orient üblich war, sondern alles wird durch den einen einzigen Gott ins Leben gerufen.

Diese Geschichte reflektiert noch nicht darüber, wie diese Erde entstanden sein könnte, sondern es geht um die Anlage eines Gartens und es geht um die Notwendigkeit, dass man diesen Garten nicht sich selbst überlassen darf, sondern dass er der Pflege durch einen Gärtner bedarf.

Im Mittelpunkt der Schöpfung steht der Mensch, der als Verwalter über die Schöpfung gesetzt wird.

Im Folgenden werden einige wichtige Passagen gekürzt zitiert. Darum empfiehlt sich, die Geschichte im Ganzen zu lesen. Eine Schwierigkeit beim Lesen besteht darin, dass diese Schöpfungsgeschichte mit der Geschichte vom Sündenfall verwoben ist. Doch beides sind selbständige Erzähleinheiten.

Vers 5: Zurzeit, als Gott der Herr Erde und Himmel machte, gab es auf der Erde noch keine Sträucher. Auch das Kraut auf dem Felde war noch nicht gewachsen, denn Gott hatte noch nicht regnen lassen und kein Mensch war da, der das Land bebaute.

Ein Volk, das 40 Jahre durch die Wüste gewandert war, konnte sich den Urzustand der Erde nur als Wüste vorstellen. Es fehlen noch die zwei Voraussetzungen für ein Kulturland: das Wasser und ein Mensch, der das Land bebaut.

Vers 6: Da stieg eine Quelle aus der Erde und feuchtete alles Land.

Da es in der Wüste nur sehr selten oder überhaupt nicht regnet, bilden die Oasen, die von einer Quelle gespeist werden, den einzigen Lebensraum für die Bewohner.

Vers 7: Da machte Gott der Herr den Menschen aus Erde vom Acker und blies ihm den Odem des Lebens in seine Nase. Und so wurde der Mensch ein lebendiges Wesen.

Es ist eine uralte Erfahrung: Wenn ein Mensch stirbt, wird er wieder zur Erde. Also muss Gott den Menschen ursprünglich auch aus Erde geformt haben. Aber wie wird er lebendig? Es ist die Überzeugung des Erzählers, dass das „Leben" göttlicher Natur ist. Darum trägt jeder Mensch durch sein „Leben" ein Stück Göttlichkeit in sich und das Leben ist ein Gut, über das nicht der Mensch, sondern nur Gott verfügen kann. Allein Gottes Geist macht lebendig.

Vers 15: Und Gott der Herr nahm den Menschen und setze ihn in den Garten, dass er ihn bebaute und bewahrte.

Die Aufgabe des Menschen besteht darin, in diesem Garten zu wirken.

Es ist von allergrößter Bedeutung, dass schon in dieser alten Schöpfungsgeschichte der Mensch auf zwei wichtige Aspekte seines Wirkens hingewiesen wird: Er soll den Garten **bebauen und bewahren.** Diese Forderung Gottes, dass der Mensch in seiner Verantwortung für diese Erde dafür Sorge tragen muss, diese wunderbare Schöpfung in ihrem Reichtum und in ihrer Schönheit zu erhalten und zu bewahren, das nimmt eigentlich schon die Zukunft vorweg und legt den Finger auf die Wunde des menschlichen Umgangs mit der Schöpfung heute.

Vers 18: Da sprach Gott der Herr: Es ist nicht gut, dass der Mensch allein sei. Ich will ihm eine Hilfe schaffen als sein Gegenüber.

Nur in dieser alten Schöpfungsgeschichte wird die Geschlechterfrage angesprochen. Das heißt: der Mensch ist kein Einzelwesen, sondern auf einen Mitmenschen angewiesen um zu überleben.

In den beiden **Versen 19 und 20** werden dem Menschen nun Tiere vorgeführt. Er soll ihnen einen Namen geben und damit eine Identität verleihen. Er sollte entscheiden, ob sie ihm eine Hilfe und ein Gegenüber sein könnten. Aber es wurde keine Gehilfin gefunden, die der Mensch akzeptierte.

Vers 21: Da ließ Gott der Herr einen tiefen Schlaf fallen auf den Menschen... und er nahm eine seiner Rippen und schloss die Stelle mit Fleisch.

Sozusagen ein chirurgischer Eingriff unter Narkose! Was hat dieses Bild zu bedeuten?

Auch hier drückt sich eine alte gärtnerische Erfahrung aus. Denn wenn ein Gärtner z.B. einen Baum verdoppeln will, dann schneidet er einen Ast ab und pflanzt ihn in die Erde. Aus diesem Zweig erwächst dann sein Gegenstück. Darum kann das Gegenüber des Menschen nur aus einem Teil seiner selbst entstehen, in diesem Fall aus seiner Rippe.

Vers 22: Und Gott der Herr machte aus der Rippe des Mannes (hebräisch: Isch) eine „Ischa", eine „Männin", und brachte sie zu ihm.

Aber warum gerade eine Rippe? Vielleicht, weil man gut weiter leben kann, wenn man eine Rippe weniger hat.

Vers 23: Da sprach der Mann (Isch): Das ist ja Bein von meinem Bein und Fleisch von meinem Fleisch. Man wird sie jetzt „Ischa" (= Eva) nennen...

Vers 24: Darum wird ein Mann Vater und Mutter verlassen und an seiner Ischa hängen. Und sie werden sein <u>ein</u> Fleisch.

Dies ist die erste theologische Begründung der Ehe und der ehelichen Liebe. Das heißt: Ursprünglich, als die Rippe noch im Mann war, da war der Mensch noch eine Ganzheit. Jetzt fehlte dem Mann etwas. Denn die Rippe war aus ihm entfernt worden. Aber alles Getrennte strebt danach, die ursprüngliche Einheit wiederherzustellen. Dieser tiefe Drang und die Sehnsucht nach der ursprünglichen Ganzheit finden für den Erzähler ihren Ausdruck in der körperlichen Liebe und der Sexualität. Und aus der vollbrachten Einheit der beiden Teile erwächst dann wieder neues Leben.

Ein wunderbares Bild und Gleichnis, das viele Fragen beantwortet.

Ein Anklang an dieses Bild ist der noch heute gängige Ausdruck, dass der Ehegatte (-gattin) die bessere „Hälfte" ist.

Die jüngere Schöpfungsgeschichte

1. Buch Mose Kapitel 1, Vers 1 bis Kapitel 2, Vers 3

Sie entstand nach der babylonischen Gefangenschaft und enthält das Wissen der damaligen Zeit vom Urzustand der Welt. Genauer gesagt: Die israelitischen Priester übernahmen bestimmte Aussagen und Erkenntnisse ihrer Zeit, entkleideten sie ihres mythologischen Hintergrundes und bedienten sich ihrer, um zu erklären, wie ihr Gott diese Welt erschaffen hat. Darum ist diese Schöpfungsgeschichte keine naturwissenschaftliche Abhandlung, sondern primär eine Glaubensaussage über Gott. Dabei erstaunt es, dass offenbar Glaube und Wissen noch in keinem Gegensatz standen, sondern sich ergänzten.

Für uns liegt die Faszination dieser jüngeren Schöpfungsgeschichte darin, dass sie so „modern" ist. Dies verführt dazu, den Bogen bis in unsere neueste Zeit zu spannen und sie im Lichte unserer Zeit zu sehen und staunend festzustellen, dass hier schon Dinge gesagt werden, die uns erst durch die Forschungsergebnisse der neueren Zeit bekannt wurden.

Der berühmte Alttestamentler Gerhard von Rad sagt in seinem Kommentar: „Für uns, deren Glaubensleben weithin in einer heterogenen geistigen Umwelt steht, ist es bemerkenswert, dass sich hier der Glaube völlig mit dem natürlichen Erkennen geeinigt hat. Glaube und Weltbild ruhen hier in einzigartiger Weise spannungslos ineinander." (Das Alte Testament Deutsch. Das erste Buch Mose, Seite 36)

Darum ist es nicht unangemessen, auch die Erkenntnisse der heutigen Naturwissenschaften in diese alte Geschichte einzufügen.

Ehe wir diese Geschichte im Einzelnen betrachten, soll noch auf zwei Dinge hingewiesen werden:

Nicht nur inhaltlich, sondern auch bei der Form der Schöpfungsgeschichte haben die israelitischen Priester eine Anleihe bei den Babyloniern gemacht. In Babylon wurde erstmals die Zeit in Wochen und die Woche in sieben Tage eingeteilt. Die Zahl sieben war für sie eine heilige Zahl, weil sie sieben bewegliche Planeten zu erkennen meinten. Dieses Wochenschema diente nun den Priestern als Rahmen für ihre Schöpfungsgeschichte. Das heißt: Die Welt und das Universum wurden nicht in einem Schöpfungsakt gemacht, sondern nacheinander in einzelnen abgeschlossenen Zeitabschnitten, sprich in sieben Tagen. Dabei meint ein „Tag" hier gewiss nicht den Zeitraum von 24 Stunden, sondern ein Tag ist in der Schöpfungsgeschichte ein wichtiger Entwicklungsschritt, ein Zeitmaß, das verschieden lang sein kann.

Das Mittel, mit dem Gott die Schöpfung in Gang setzt, ist nur sein Wort. Er spricht und es geschieht. Damit soll die Allmacht dieses Gottes ausgedrückt werden. Alles ist ihm untertan, alles hört auf sein Wort, es gibt nichts und niemanden, der ihm nicht gehorchen würde oder ihm widerspräche. Alle so genannten Götter und Mächte sind entmachtet und existieren nicht mehr. Nur durch die Kraft seines Wortes lässt Gott diese Welt entstehen.

Der Einleitungssatz

Vers 1+2: Am Anfang schuf Gott den Himmel und die Erde. Und die Erde war wüst und leer und Finsternis lag über dem Urmeer und der Geist Gottes schwebte über dem Wasser.

Der Kosmos hatte einen Anfang und den setzt Gott. Die Wissenschaft spricht dabei von einem punktuellen Urbeginn und dieses Ereignis nennt sie „Ur-Knall". Man hat errechnet, dass die Bahnen der Galaxien alle auf diesen imaginären Punkt zurückgehen. Seitdem expandiert das Weltall, schon etwa 15 Milliarden Jahre lang.

Das hebräische Wort für das Schaffen Gottes heißt „bara". Und die Bedeutung dieses Wortes meint, dass Gott die Welt aus dem Nichts schuf.

Es gibt zwei Erklärungen dafür, was mit „Himmel und Erde" gemeint sein könnte. Es könnte heißen, dass Gott zuerst die Welt des Unsichtbaren und dann die sichtbare Welt erschuf. Da das Wort Himmel aber im hebräischen Urtext in der Mehrzahl steht, könnte man dies auch auf die Galaxien beziehen, die aus dem Ur-Knall entstanden.

Der hebräische Ausdruck für „wüst und leer" lautet: Tohuwabohu. Es ist ein Begriff, den wir gebrauchen, wenn wir ein großes Durcheinander meinen. Das Urmeer, aus dem das Leben entsteht, kann man auch als „Ursuppe", bezeichnen. Über allem aber schwebt der Geist Gottes, der das Leben in Gang setzt.

Der erste Schöpfungstag

Vers 3+4: Und Gott sprach: Es werde Licht und es ward Licht. Und Gott sah, dass das Licht gut war und er schied das Licht von der Finsternis.

Dieses Licht ist noch nicht die Sonne. Es ist vielmehr die Energie oder, naturwissenschaftlich ausgedrückt, das Schwingungsfeld, das den ganzen Kosmos erfüllt. Licht kann im atomaren Bereich sowohl Welle als auch Materie sein. Die ganze Schöpfung ist letztendlich „Licht". Wenn zum Beispiel die Atome, die kleinsten Bausteine der Materie, bei einer Explosion zerstört werden, wird unglaubliche Energie und gleißendes Licht freigesetzt. Atomenergie ist die geballte Kraft des ersten Schöpfungstages, die ungeheure Zerstörungen anrichten kann, wenn der Mensch sich ihrer bemächtigt. Aber in der Hand Gottes schafft diese Energie, dieses Licht, das Wunder des Kosmos und des Lebens.

Vers 5: Und Gott nannte das Licht Tag und die Finsternis Nacht.

Dies setzt die Erschaffung der Sonne und unseres Planetensystems voraus. Nun ist die Unterscheidung von Tag und Nacht möglich.

Der zweite Schöpfungstag

Vers 6-8: Und Gott sprach: Es werde eine Feste zwischen den Wassern, die eine Scheidewand bilde zwischen den Wassern... Und es geschah so.

Hier drückt sich eindeutig das antike Weltbild aus. Die „Scheidewand" ist die Erdscheibe das heißt noch keine Kugel. Da die Quellen aus der Erde kommen, vermutete man unter der Erdscheibe ein großes Meer. Über der Erdscheibe aber wölbt sich das Firmament, das den Himmelsozean trägt, aus dem es gelegentlich regnet.

Der dritte Schöpfungstag

Vers 9-12: Und Gott sprach: Es sammele sich das Wasser unter dem Himmel an besondere Orte... Und er nannte das Trockene Erde und die Sammlung der Wasser nannte er Meer. Und Gott sprach: Es lasse die Erde aufgehen Gras und Kraut... und fruchtbare Bäume...

Wir wissen heute, dass bedingt durch die Abkühlung der ehemals geschlossene Urkontinent in Stücke riss und die Teile, die Kontinente, auf der flüssigen Magmaschicht trieben. Der aus den Vulkanen entwichene Wasserdampf, durch Erkalten zu Wasser geworden, füllte dann allmählich die Senken zwischen den Erdteilen.

Jetzt lässt Gott auf der Erde die ersten Pflanzen gedeihen. Dies entspricht unserem Kenntnisstand, dass das Leben auf der Erde mit den Pflanzen begann.

Der vierte Schöpfungstag

Verse 14-19: Es sollen Leuchten werden am Firmament des Himmels... Und Gott machte die beiden großen Leuchten. Die größere zur Herrschaft über den Tag, die kleinere zur Herrschaft über die Nacht, dazu die Sterne... Und Gott sah, dass es gut war.

Je mehr der Wasserdampf in Regen überging und das Meer sich mit Wasser füllte, umso klarer wurde der Himmel. Und – aus der Perspektive der Erde betrachtet – wurden erst jetzt die Sonne, der Mond und die Gestirne sichtbar.

Wenn man bedenkt, dass die Sonne, der Mond und die Sterne seit Jahrtausenden in Babylonien und in Ägypten als Götter verehrt wurden und die Astrologie das gesamte altorientalische Leben beherrschte, bedeutet diese Aussage eine wahre Revolution. Denn der Erzähler will sagen: Sonne, Mond und Sterne sind nichts anderes als „Lampen", die Gott am Firmament aufgehängt hat. Deutlicher und klarer kann man diesem alten Götterglauben keine Absage erteilen.

Der fünfte Schöpfungstag

Verse 20-23: Und Gott sprach: Es wimmele das Wasser von lebendigem Getier und Vögel sollen fliegen am Firmament... Und Gott segnete sie und sprach: Seid fruchtbar und mehret euch...

Nun war die Erde als Wohnstätte für alle Lebewesen bereitet und die Lebensbedingungen nicht nur für Pflanzen, sondern auch für andere Arten gegeben.

Es entspricht den wissenschaftlichen Erkenntnissen, dass das erste tierische Leben im Wasser entstanden ist. Einige Arten kletterten dann aufs Land, entwickelten Lungen und daraus entwickelten sich die Reptilien und Dinosaurier. Über den Urvogel Archeopterix ging dann die Entwicklung weiter zu den Vögeln.

Dass selbst die Menschen die ersten neun Monate ihres Lebens im Wasser des Mutterleibes verbringen, mag eine letzte Erinnerung an den Beginn allen Lebens im Wasser sein.

Der sechste Schöpfungstag

Nachdem die Meere und die Luft mit Lebewesen erfüllt worden waren, beginnt dieser Schöpfungstag mit der Erschaffung der Tiere auf dieser Erde. Am Ende von Gottes Schöpfungswerk steht der entscheidende und wichtigste Schöpfungsakt: Die Erschaffung der Säugetiere und der Menschen. Beide Wesen werden an einem Schöpfungstag, aber in zwei aufeinander folgenden Schöpfungsakten ins Leben gerufen. Dies zeigt einmal den tiefen Zusammenhang der beiden Gattungen, aber auch die Sonderstellung des Menschen innerhalb der Schöpfung.

Erster Schöpfungsakt

Vers 24+25: Und Gott sprach: Die Erde bringe hervor lebendiges Getier, ein jedes nach seiner Art: Vieh, Kriechtiere und die Tiere des Feldes, ein jedes nach seiner Art. Und Gott sah, dass es gut war...

Als Vorstufe zur Erschaffung des Menschen wird der Erschaffung der Säugetiere ein eigener wichtiger Schöpfungsakt gewidmet.

Zweiter Schöpfungsakt

Vers 26-31: Und Gott sprach: Lasset uns Menschen machen, ein Bild, das uns gleich sei... Und Gott schuf den Menschen nach seinem Bilde, zum Bilde Gottes schuf er ihn und er schuf sie männlich und weiblich. Und Gott segnete sie und sprach zu ihnen: Seid fruchtbar und mehret euch und füllet die Erde und machet sie euch untertan und herrschet über sie. Und Gott sah an alles, was er gemacht hatte und siehe, es war sehr gut.

Die Erschaffung des Menschen beginnt, indem Gott scheinbar einen Dialog mit sich selber führt. Lasset uns Menschen machen. Gott spricht im „Pluralis majestatis", um die Bedeutung dieser Schöpfungstat hervorzuheben.

Möglich wäre noch eine andere Erklärung: Gott spricht nicht mit sich selbst, sondern mit den zuvor geschaffenen Tieren. Indem er die Säugetiere zu Partnern seines Schöpfungsaktes macht, betont er die Ähnlichkeit von Mensch und Tier, die in einigen Fällen bis zu 95 % das gleiche Genmaterial haben. Außerdem: Tiere und Menschen besitzen die gleichen Organe und die gleichen Sinne. Uns verbinden die Gefühle der Freude und der Trauer, uns verbinden die Angst und der Tod.

Aber der Mensch ist mehr als nur ein außerordentliches begabtes Tier. Das Besondere des Menschen liegt darin, dass er das Ebenbild Gottes ist. Aber was ist mit Ebenbild (hebräisch: Zäläm) gemeint? In außerbiblischen Texten bedeutet „Zäläm" eine Götterstatue, wie sie in heidnischen Tempeln oft anzutreffen ist. Die Statuen sind die kultischen Abbilder der Götter oder auch des jeweiligen Königs. Die Vorstellung, dass der betreffende Gott in dieser Statue „wohne", wird in allen babylonischen Texten vorausgesetzt. Auch der König, der nicht gleichzeitig an jedem Ort zugegen sein kann, wird vertreten durch seine Kultstatue. Ihr muss die gleiche Achtung zuteil werden wie dem König selbst.

Das heißt: Wenn der Mensch das Zäläm, das Ebenbild Gottes ist, dann repräsentiert der Mensch auf der Erde diesen Gott, indem er seinen Willen ausführt und stellvertretend für ihn diese Schöpfung verwaltet. Der Mensch ist quasi sein Teilhaber, sein Stellvertreter und Mitschöpfer. Zugleich ist der Mensch das einzige Geschöpf, mit dem Gott in einen Dialog tritt. Um dieses „Ebenbild" zu sein, gibt Gott dem Menschen drei göttliche Eigenschaften mit auf den Weg:

1. Gott gibt ihm Anteil an seiner Liebe. Der Mensch als Ebenbild Gottes sollte ein Wesen sein, dessen Handeln ganz durch die Liebe geprägt ist genauso wie Gott selbst. Das heißt: Seine Ebenbildlichkeit und damit seine Menschlichkeit sind abhängig von dem Maß seiner Liebe.

2. Gott gibt ihm Anteil an seiner Macht. Das Instrument und Werkzeug dieser Macht ist sein Intellekt. Diese Eigenschaft zeichnet ihn vor allen Lebewesen aus. Die Kraft seines Verstandes hebt ihn aus der Tierwelt heraus und gibt ihm Macht über die gesamte Schöpfung. Es ist ein wunderbares, aber auch ein gefährliches Werkzeug, das ihm Gott damit auf den Weg gibt.

3. Gott gibt dem Menschen Anteil an seiner Freiheit. Der Mensch wird nicht wie das Tier durch seinen Instinkt geleitet, sondern er hat einen eigenen Willen. Diese Freiheit seines Denkens und Handelns gibt dem Menschen seine Unabhängigkeit, seine Würde und seine Kreativität. Aber diese Freiheit beinhaltet auch die Möglichkeit, sich gegen Gottes Willen zu stellen, das heißt Gottes Willen zu missachten und sich eigene Gesetze und Werte zu geben.

Während das Tier durch seinen ihm innewohnenden Instinkt stets auf dem richtigen Weg gehalten wird, muss der Mensch sich diesen Weg und den Sinn, den er mit seinem Leben verbindet, erst erarbeiten. Da der Instinkt beim Menschen nur noch rudimentär vorhanden ist, muss sich der Mensch sein Wertesystem selbst suchen. Das kann ein mühevoller Weg sein und viele Menschen machen es sich leicht und eignen sich das „kollektive Gewissen" an, indem der Einzelne das tut, was „man" tut. Aber damit verstößt er nicht nur gegen seine göttliche Bestimmung, sondern auch gegen die ihm von Gott auferlegte Verantwortung für sein Leben.

Was gut und böse ist, das muss dem Menschen gesagt werden. Er kann es aus sich heraus nicht wissen. Diese Wertevermittlung ist Teil seiner Erziehung, vor allem der religiösen Erziehung und es ist unentschuldbar, wenn dies nicht in ausreichendem Maße geschieht.

Denn erst durch diese Wertevermittlung wird das menschliche Gewissen, das bei der Geburt noch eine „Tabula rasa" ist, geformt und mit Inhalten gefüllt. Erst dadurch wird der Mensch in die Lage versetzt, als Partner Gottes zu handeln und zu leben. Diese Partnerschaft wird gestärkt, indem der Mensch auf Gottes Wort hört und im Gebet ihm antwortet.

Der wichtige Vers 27 endet mit der Feststellung: „Und Gott schuf sie als männliche und weibliche (Geschöpfe)." Welch ein Unterschied zu der älteren Schöpfungsgeschichte! Hier war die Frau noch der „Ableger" des Mannes, der Spross, der aus dem Mann erwuchs. Aus dem Isch wurde die Ischa. Hier wird das Wort „Isch" nicht mehr gebraucht. Die Frau ist eine selbständige Schöpfung neben dem Mann. Sie ist also gegenüber dem Mann nicht nachgeordnet, sondern beide sind eigene, gleichberechtigte Geschöpfe mit gleichen Rechten und Pflichten.

Über diese Pflichten heißt es: Ihr sollt über die Schöpfung „herrschen". Damit ist nicht gemeint, sie auszubeuten, ohne an die Folgen zu denken. Im Gegenteil: Das „herrschen" gilt nur unter der Voraussetzung, dass der Mensch sich als Bild Gottes und als Beauftragter Gottes versteht und sich nicht eigenmächtig von Gottes Weisungen lossagt. Nur die Beauftragung durch Gott legitimiert den Menschen, über die Schöpfung zu herrschen. Herrschen heißt: Gott über die Schöpfung Herr sein lassen.

Die Schöpfungsgeschichte schließt mit dem Satz: „Und Gott sah an alles, was er gemacht hatte und siehe, es war sehr gut. (Vers 31)

An den vorhergehenden Schöpfungstagen hatte es immer nur geheißen: Und Gott sah, dass es gut war. Nur der Mensch bekam ein „Sehr gut"!

Der siebente Schöpfungstag

Verse 1. Mose 2, 2-3: Und so vollendete Gott am siebenten Tag seine Werke, die er machte, und ruhte am siebenten Tage von allen seinen Werken, die er gemacht hatte.

Damit wird der Tag der Ruhe schöpfungsmäßig begründet. Denn das was für Gott gilt, muss auch für den Menschen gelten. Der Wechsel von Arbeit und Ruhe ist seitdem ein göttliches Gebot und zugleich ein kulturhistorisches Datum ersten Ranges.

Der Sündenfall – das Planspiel des Bösen

1. Mose 2, 8+9 und Kapitel 3, 1-4

Der Mensch, mit allen Gaben und Fähigkeiten ausgestattet, um die Aufgaben und Verantwortungen, die ihm Gott aufgetragen hatte, zu erfüllen, hätte nun als Verwalter der Schöpfung ans Werk gehen können, vorausgesetzt, er hielt sich an die Spielregeln und Grenzen, die Gott ihm gesetzt hatte.

Weil Gott an diesen Menschen glaubte, vertraute er ihm diesen Garten an. Doch ganz ohne Risiko war die Sache nicht.

Denn der Garten bestand aus verschiedenen „Bäumen", die gute und böse Früchte trugen. Aber warum ließ Gott überhaupt neben den guten auch verbotene Früchte zu? Es gibt dafür nur eine Erklärung: Gott wollte, dass der Mensch eine Entscheidungsfreiheit hat und bewusst den von Gott aufgewiesenen Weg geht. Nur dann war das Vertrauen des Schöpfers in sein Geschöpf gerechtfertigt, wenn der Mensch den Gehorsam gegenüber dem Gebot Gottes unter Beweis stellte. Und diese Entscheidung für oder gegen Gott war nur dann echt, wenn ihm die theoretische Möglichkeit gegeben wurde, sich nicht nur für, sondern auch gegen ihn zu entscheiden. Dies gehört zur Würde des Menschen, nicht gezwungen, sondern frei im Einklang mit Gott zu leben oder nicht.

Unter dem Begriff „Bäume" sind die Möglichkeiten zu verstehen, mit denen er sein Leben gestalten kann. Es gibt viele nützliche „Bäume", aber vor anderen warnt Gott: „Esset nicht davon, rühret sie auch nicht an, damit ihr nicht sterbet." (1. Mose 3, 3)

Der Ablauf dieser Geschichte ist ein „Planspiel des Bösen". Die Situationen, vor die sich diese beiden Menschen gestellt sehen, sind zeitlos. Die einzelnen Stufen sind dem wirklichen Leben entnommen und sie wiederholen sich tausendfach im Leben des Menschen.

Eigentlich wollen Adam und Eva vorsätzlich nichts Böses tun. Sie tun zunächst nur das Erlaubte, aber sie werden plötzlich damit konfrontiert, dass es Dinge gibt, die verboten sind. Ihnen werden Grenzen gesetzt. Und sie wissen, falls sie diese Grenzen übertreten, wird es negative Konsequenzen für ihr Leben haben – früher oder später.

Doch jedes Verbot erweckt Neugier. Was würde passieren, wenn sie es doch täten? In jedem Verbot steckt ja eine Erfahrung, die mir verborgen bleibt und die sich nur dem erschließt, der das Verbotene auch tut. Und der Reiz, eventuell doch nicht entdeckt zu werden, kommt dazu. Aber die Schwelle, den Fehltritt zu wagen, ist dennoch sehr groß.

Jetzt kommt ein Verführer ins Spiel. Dass der Verführer in der Gestalt einer Schlange erscheint, ist kein Zufall. Im Alten Orient wurde die Schlange als Mondtier verehrt. Weil der Zyklus des Mondes wiederum mit den Zyklen der Frau übereinstimmte, galt die Schlange als Hüterin der weiblichen Fruchtbarkeit, die die Frau die Kunst der Verführung lehrte. Die Schlange als Tier des Bösen zu verteufeln, lag ganz gewiss nicht in der Absicht des Erzählers.

Um diese beiden Menschen zu verunsichern, gibt der Verführer nur eine Frage zu bedenken: Er sagt: **„Sollte Gott gesagt haben, esset nicht davon**??" Es könnte ja sein, dass Gott es gar nicht gesagt hat. Vielleicht haben sie sich ja verhört. Vielleicht hat Gott es ja ganz anders gemeint. Das Wort Gottes wird in seiner Gültigkeit also in Frage gestellt. Heute heißt das: Was in der Bibel steht, ist doch gar nicht wahr. Es könnte ja erfunden sein. Das sind alte Geschichten, die uns nichts mehr angehen. So die heutigen Argumente der Schlange.

Diese Verunsicherung gegenüber dem Worte Gottes hat bei den beiden eine fatale Wirkung. Sie greifen zu, erst die Frau, dann der Mann und sie fühlen sich gut. Dass der Erzähler meint, die Frau sei verführbarer als der Mann, möchte ich nicht ausschließen, ist aber für den Fortgang der Geschichte unerheblich. Beide haben bewusst diese Grenze, die sie von Gott trennt, überschritten. Entscheidend war noch das Argument des Verführers, dass der Griff nach der verbotenen Frucht sie klug mache, dass sie dann wüssten, was gut und böse sei und sie sogar Unsterblichkeit erlangten.

Dies ist die Urversuchung des Menschen, sich selbst an die Stelle Gottes zu setzen und damit selbst zu wissen, was gut und böse ist. Es ist der von allen übergeordneten Autoritäten emanzipierte und befreite Mensch, der sich selbst seine Grenzen setzt, den die Schlange den beiden verspricht oder nur als Trugbild vorgaukelt.

Aber in dieser Stunde des Triumphes über Gott werden sie plötzlich gewahr, dass sie nackt sind. Sie können diese Tat vor Gott nicht verbergen. Er sieht alles und weiß alles. Darum schämen sie sich eigentlich nicht ihrer körperlichen Nacktheit, sondern sie schämen sich, vor Gott nichts verbergen zu können. Doch in der Scham zeigt sich zugleich die Einsicht, dass sie etwas falsch gemacht haben und sie etwas dagegen tun sollten, denn mit der Schuld lässt sich vor Gott schwer leben.

In ihrer inneren Not versuchen sie, ihre Schuld vor Gott zu verbergen. Sie pflücken Feigenblätter und bedecken damit ihre Scham. Auch wir verdecken unsere Schuld, indem wir sie vergessen, verdrängen und meinen, wenn andere sie nicht sähen, sähe Gott sie auch nicht. Wir lassen Gras darüber wachsen.

Doch jetzt geschieht etwas Bemerkenswertes. Gott macht sich auf den Weg zu den Menschen und sucht sie. Er sucht nach den für ihn verloren gegangenen Menschen. Gott gibt die Menschen nicht auf. Seitdem tut Gott eigentlich nichts anderes, als zu versuchen, den Menschen wieder zu sich zurückzuholen. Und er ruft laut durch den Garten: „Adam, wo bist du?" Denn die beiden hielten sich aus Scham vor ihm noch versteckt. Aber Gott holt sie nicht mit Gewalt aus ihrem Versteck hervor. Sie müssen schon selbst kommen. Und seitdem wird überall dort, wo das Wort Gottes gepredigt wird, dieser Ruf Gottes laut: Adam (Mensch), wo bist du?

Endlich stellen sie sich. Sie können sich diesem andauernden Rufen Gottes nicht mehr entziehen. Jetzt stehen sie vor Gott und ihre Feigenblätter nutzen ihnen nichts mehr. Sie werden von Scham und Furcht erfüllt.

Gott spricht sie auf ihren Fehltritt an und es hätte noch einmal alles gut werden können, wenn sie ihre Schuld vor Gott bekannt hätten. Aber sie tun es nicht! Vielmehr wird das praktiziert, was bis heute üblich ist, wenn es um Schuld geht. Wenn ich sie schon nicht verstecken kann, wälze ich sie ab. Hier wälzt der Mann sie auf die Frau und die Frau wälzt sie auf die Schlange. Nur zugegeben oder bereut wird die Schuld nicht. Daran hat sich nichts geändert.

Nun kann das Zerwürfnis nicht mehr geheilt werden. Gott vertreibt die Menschen aus seiner unmittelbaren Nähe. Das ist die eigentliche Strafe und weniger die einzelnen Strafinhalte, die dem Mann, der Frau und der Schlange dann zugemessen werden und die eigentlich nur eine Aufzählung der Beschwerden sind, die dem Menschen seit alters her bekannt sind.

Kain und Abel oder: Wie der Menschenbruder zum Feind wird

1. Mose 4, 1-16

Ganz gewiss handelt sich hier nicht um zwei historische Personen, sondern um die Vertreter zweier Kulturkreise mit sehr unterschiedlichen Lebensbedingungen. Es heißt, dass Kain ein Ackerbauer und Abel ein Hirte war. Kain war also der Vertreter des reichen Agrarlandes, Abel dagegen der Vertreter der Steppen und Wüstenvölker.

Heutzutage werden diese Konflikte sichtbar zwischen den reichen Agrar- und Industriestaaten auf der einen Seite und der so genannten Dritten Welt auf der anderen Seite. Insofern hat diese Geschichte, die diese voraussehbaren Konflikte thematisiert, durchaus einen aktuellen Bezug.

Die Geschichte beginnt friedlich und fromm. Es geht um ein Opfer für Gott, wozu beide verpflichtet sind. Gott hat es regnen und die Sonne scheinen lassen. Er hat den Pflanzen und den Tieren das Leben gegeben und er hat sie wachsen lassen. Der Anteil Gottes an einer guten Ernte ist also groß. Insofern sollten beide auch einen Teil ihres Ertrages als Opfer an Gott zurückgeben.

Offensichtlich ist Gott mit der Opfergabe des reichen Kain unzufrieden. Die Gründe werden im Einzelnen nicht benannt. Man darf aber annehmen, dass Gott die Gaben des Kain als unzureichend und als ungerecht gegenüber seinem Bruder empfindet. Während der Reiche immer reicher wird, muss der Arme darben, weil der Reiche dem Armen immer mehr das Wasser abgräbt. Gott missfällt, dass sich bei Kain die Reichtümer häufen, während Abel mit den Widrigkeiten und seinen kargen Lebensbedingungen zurechtkommen muss. Gott zeiht Kain der Undankbarkeit und der Habsucht.

Als Kain das merkt, wächst sein Zorn gegenüber Abel. Selbst die Körpersprache drückt den zunehmenden Unwillen aus. Während Abel gen Himmel blickt, seine Gebete verrichtet und vielleicht fromme Lieder singt, **„da senkte Kain sein Angesicht."** Die Art und Weise wie Abel sich gibt, so unbekümmert, so fröhlich und so freigiebig, das ist für Kain eine einzige Anklage. Dieser Abel wird für ihn ein Stachel im Fleisch, eine fortwährende Herausforderung, er weckt, obwohl er das gar nicht will, in Kain Schuldgefühle, die sich bis zum Hass auf ihn steigern.

Gott erkennt, wie sich die Lage zwischen Kain und Abel immer weiter zuspitzt und er versucht, mit einem Einwand den Konflikt auf den Punkt zu bringen und zu entschärfen. **„Und der Herr sprach zu Kain: Warum bist du so voller Grimm und warum blickst du so finster? Ist es nicht also: Wenn du gerecht handelst, dann kannst du frei nach oben schauen. Handelst du aber nicht recht, so lauert die Sünde vor der Tür und nach dir steht ihre Begierde. Du aber sollst Herr über sie werden."** (1. Mose 4, 6+7)

Aber Kain kann seinen Hass nicht mehr beherrschen. Er wird nicht mehr Herr über seine Gefühle. Statt mit Abel zu reden oder sich selbst zu ändern, schlägt er ihn tot, in der Annahme, damit diesen Urkonflikt gelöst zu haben. Abel hat ihm ja gar nichts getan. Er hat ihn nicht beleidigt oder bloßgestellt. Allein die Tatsache, dass er in jeder Beziehung anders war und anders lebte, hat in ihm diese zunehmende Ablehnung erzeugt. Abel war derjenige, der ihm ständig durch seine Gegenwart ein schlechtes Gewissen bereitete.

„Da sprach Gott zu Kain: **„Wo ist dein Bruder Abel?"** Er antwortete: **„Ich weiß es nicht. Soll ich etwa meines Bruders Hirte sein?"** Keine Anklage, kein Vorwurf Gottes. Er bittet Kain um eine Stellungnahme, um eine Begründung seiner Tat. Doch als Antwort erhält er eine Lüge. „Ich weiß es nicht!" Dabei geht es Gott nur um die Verantwortung des Menschen für den Menschen. Angesichts der unzähligen Toten in Kriegen und angesichts unzähliger Toter durch Katastrophen bleibt die Frage an jeden von uns relevant: Wo ist dein Bruder Abel? Hast du oder haben wir eine Mitverantwortung oder gar eine Mitschuld für diese unzähligen Toten und für das unsägliche Leid, das damit verbunden ist? Geht uns das Leid der Menschen in Afrika oder in anderen Teilen der Welt etwas an? Angesichts der Globalisierung wächst diese Mitverantwortung in ungeahnter Weise. Und wir können die Frage nach unseren Menschenbrüdern und -schwestern in aller Welt nicht lapidar mit den Worten Kains beantworten. „Ich weiß es nicht. Soll ich etwa für alle Menschen auf der Welt eine Mitverantwortung tragen? Was geht das mich an?"

Jetzt erst kommt die Strafe Gottes:„**Unstet und flüchtig sollst du sein auf dieser Erde.**" Kain empfindet diese Strafe als zu hoch. Er befürchtet, nun selbst erschlagen zu werden. Doch um diesen Kreislauf des Tötens und Getötetwerdens gar nicht erst aufkommen zu lassen, gibt Gott dem Kain einen letzten Gnadenerweis. Er gibt ihm ein Zeichen, ein Kainsmal, mit auf den Weg, „**damit ihn nicht jeder, der ihn fände, erschlüge.**" Damit wird der Rache und der Vergeltung ein Riegel vorgeschoben. <u>Ein</u> Opfer ist genug. Darum gibt Gott dem Kain dieses Schutzzeichen mit auf den Weg. Dem Gefühl der Rache und Vergeltung darf kein Raum mehr gegeben werden. Es ist ein Zeichen, dass Gott auch dem Schuldiggewordenen seinen Schutz nicht entzieht.

Die Sintflut – der Fluch der bösen Tat

1. Mose Kapitel 6, 5 - Kapitel 9, 17

Irgendwann in grauer Vorzeit, vermutlich in der späten Steinzeit, fand im Nahen Osten tatsächlich eine große Flut statt. Das beweisen die Löß- und Tonschichten, auf die man bei Ausgrabungen in Mesopotamien immer wieder stößt.

Über diese Katastrophe berichten noch andere Sintflutgeschichten. Offensichtlich hat dieses Ereignis in der Erinnerung der frühen Völker einen unvergesslichen Eindruck hinterlassen. Das so genannte Gilgamesch-Epos, das um 2000 v. Chr. in Altbabylonien aufgeschrieben wurde, weist Ähnlichkeiten mit der biblischen Fassung auf.

Die Bibel geht davon aus, dass diese Sintflut nur als eine Strafe Gottes zu verstehen ist. Diese Sintflut ist nicht schicksalhaft über die Menschen gekommen, sondern sie war sozusagen hausgemacht, weil die Menschen immer gottloser wurden und sich nicht an den Auftrag Gottes, nämlich die Schöpfung zu bebauen und zu bewahren, gehalten haben. Sie haben die Schöpfung missbraucht und gegen die Weisungen Gottes verstoßen. Dadurch wurde die Sintflut verursacht.

Insofern ist diese Sintflutgeschichte von beklemmender Aktualität, weil sie die Naturkatastrophen mit dem egoistischen Verhalten der Menschen und dem missbräuchlichen Umgang mit der Schöpfung unmittelbar verknüpft. Was in dieser alten Geschichte gesagt wird, weist deutliche Parallelen zur Gegenwart auf und es liegt nahe, in dieser Sintflutgeschichte auch drohende Katastrophen zu erkennen.

Der Erzähler stellt fest, dass **„der Menschen Bosheit groß war"**. Voller Frevel und Verderbnis war die Erde vor den Augen Gottes. So konnte es nicht weiter gehen. Zum ersten Mal **„reuete es Gott, dass er die Menschen gemacht hatte."** (Vers 6, 6)

Um die gute Schöpfung wiederherzustellen, musste also die Ursache des Frevels beseitigt werden. Und das war der Mensch.

Nur einer sollte die Katastrophe überleben: die Familie des Noah. Er war offensichtlich anders als alle anderen Menschen. Er war ein gerechter, untadeliger Mensch, der seinen Weg mit Gott ging. Ihm gab Gott den Auftrag, eine Arche zu bauen. Sie sollte ihm und seiner Familie Schutz und Geborgenheit in den Tagen des Unheils geben. In allen Details schrieb Gott den Bau der Arche vor. Noah gehorchte den Anweisungen Gottes. Er baute auf dem Land, weit entfernt vom Meer, ein riesiges Schiff. Der Spott seiner Mitmenschen wird ihm sicher gewesen sein. Aber genau darin erweist sich sein Glaube und sein Urvertrauen gegenüber Gott, dass er genau das tat, was Gott ihm zu tun befahl, auch wenn es völlig verrückt und völlig unvernünftig war. Die Arche wurde zum Schutzraum für Mensch und Tier.

Das Besondere dieser Geschichte liegt auch darin, dass dieser Schutz nicht nur den Menschen gewährt wurde. Neben dem Menschen wurde auch den Tieren ein Schutzraum in der Arche zugewiesen. Je ein Paar von allen Tierarten sollte in die Arche gebracht werden. Offensichtlich ist der Mensch verpflichtet, auch die Tiere zu schützen und ihnen als Geschöpfe Gottes mit Achtung und Ehrfurcht zu begegnen. Dies ist der erste und einzige Text der Antike, in dem die Tiere dem Schutz des Menschen anbefohlen werden!

Als Mensch und Tier in Sicherheit waren, schloss Gott hinter ihnen die Tür. Getreu dem antiken Weltbild wird die hereinbrechende Sintflut so beschrieben: „Die Brunnen der Tiefe öffneten sich und die Fenster des Himmels taten sich auf." 40 Tage lang brach das Wasser auf die Erde. Dann gingen die Fluten allmählich zurück. Ob es sich bei der Sintflut tatsächlich um eine Art Klimakatastrophe handelte, lässt sich im Nachhinein nicht mehr feststellen. Doch die Anzeichen sprechen dafür.

Als eine Taube mit einem Ölblatt im Schnabel zu Noah zurückkam, wusste Noah, dass die Wasser gesunken waren. Noah und seine Familie mitsamt allen Tieren konnten die Arche verlassen. (Und nach den Resten der Arche wird seitdem auf dem Berge Ararat im Kaukasus gesucht.) Als Dank errichtete Noah dem Herrn einen Altar.

Als alles vorbei war, zog Gott für sich selbst eine ernüchternde Bilanz. Er wollte die Schöpfung retten, indem er die Erschaffung der Menschen zurücknahm. Aber er konnte es nicht über sein Herz bringen, alle zu töten. Er wollte aus einigen guten Menschen wieder eine neue Menschheit schaffen. Doch er musste einsehen: Das Böse, das Zerstörerische, lag auch in den „guten" Menschen, auch in Noah und seinen Nachkommen, **„denn das Dichten und Trachten des menschlichen Herzens ist böse von Jugend auf"** (1. Mose 8, 21). Das Böse war ein Teil des Menschen geworden, untrennbar mit ihm verbunden. Gott musste mit diesem Menschen leben und die ganze Bibel einschließlich des Neuen Testaments sucht nach einem Ausweg. Letztlich ringt Gott mit sich selbst um eine Antwort, weil er den Menschen liebt.

Dann ging Gott noch einmal auf den Menschen zu. Er segnete Noah und seine Söhne und wiederholte noch einmal das, was er nach der Erschaffung der Menschen gesagt hat: Seid fruchtbar und mehret euch und füllet die Erde. Er gab noch einmal die Schöpfung und alle Tiere in die Obhut des Menschen und nahm sich vor, es noch einmal mit den Menschen zu versuchen. Er hatte keine andere Wahl. Und mit der ganzen Schöpfung und allen Geschöpfen und allen Menschen schloss er noch einmal einen Bund „auf ewig". Und als Zeichen dieses neuen Bundes setzte Gott einen Regenbogen an den Himmel.

Zuletzt bleibt die Frage offen, ob und wie der Mensch diesen Bund erfüllen, wie er das erneute Vertrauen, das Gott ihm schenkte, rechtfertigen kann. Der Mensch muss sich ändern, aber wie? Zugleich muss Gott einen Weg finden, wie er mit seinem Ebenbild, das in seinem Herzen böse ist, leben kann. Es sind Fragen, die im Grunde über diese Geschichte hinausweisen und nach einer Antwort suchen.

Der Turmbau zu Babel oder:
Ein Weg, der nicht zu dem wahren Gott führt.

(Mose 11, 1-9)

Babylon war die größte und prächtigste Stadt der Antike. Sie war eine Stadt der Superlative. Sie lag auf beiden Seiten des Euphrat und hatte die Form eines Vierecks, dessen Seitenlängen jeweils etwa viereinhalb Kilometer lang waren. Sie war von drei Stadtmauern umgeben. Die äußere Mauer war die längste und stärkste Stadtmauer, die je in der Geschichte gebaut wurde. Sie war etwa 24 Meter breit. Auf der Mauerkrone war eine Straße angelegt, auf der mehrere Wagen nebeneinander fahren konnten. Neben dieser äußeren gab es noch eine mittlere und eine innere Mauer. Die innere Mauer war noch 10,5 Meter hoch und besaß acht riesige Stadttore, die alle von hohen Türmen flankiert wurden. Die Tore trugen jeweils den Namen eines Gottes. Das bekannteste Tor war das Ischtar-Tor. Die Mauern waren mit unzähligen Darstellungen von Stieren, Drachen und Symbolen des obersten Gottes Marduk aus farbig glasierten Ziegeln ausgeschmückt. Unweit des Ischtar-Tores waren die „Hängenden Gärten der Semiramis", eines der Sieben Weltwunder, zu bestaunen. König Nebukanezar hatte sie bauen lassen, weil seine Gattin, eine medische Prinzessin, Heimweh nach den medischen Bergen hatte.

Vom Ischtar-Tor führte eine Prozessionsstraße zum Haupttempel von Babylon, dem Mardukheiligtum, das auf einer Grundfläche von fast 20 Hektar errichtet war. Dort erhob sich der größte und bedeutendste aller mesopotamischen Zikkurats, eben der Turm zu Babel, den die Bibel meint. Er hatte acht Stufen oder Stockwerke. Auf einem mächtigen Unterbau waren sieben den Planeten gewidmete Stufentürme aufgebaut. Der Bau hatte eine Seitenlänge von 90 Metern und eine Höhe von über 90 Metern. Auf der Spitze befanden sich das Heiligtum des obersten Reichsgottes Marduk und eine Sternwarte.

Doch der Turm wurde nie ganz fertig, weil Menschen aus dem ganzen babylonischen Weltreich daran arbeiteten und durch das Sprachengewirr und die dadurch bedingte mangelnde Kommunikation der Bau verzögert, eventuell sogar abgebrochen werden musste. Dieser Umstand wurde von den Israeliten als Strafe Gottes gedeutet. Denn durch das Sprachengewirr wurde verhindert, dass der Turm, der das Symbol des menschlichen Hochmuts und der Arroganz gegenüber Gott war, vollendet wurde.

„Es hatte aber die Welt einerlei Zunge und Sprache." (1. Mose 11, 1) Kultur und Sprache eines Volkes sind eng miteinander verknüpft. Die Geschichte vom Turmbau zu Babel markiert den Übergang von der einfachen Agrargesellschaft, in der jeder seine Scholle selbst beackerte, zu einer Gesellschaft, die sich in Städten, Ständen und Staaten organisierte. Nicht das Werk des Einzelnen, sondern das Gemeinschaftswerk, an dem viele mit ihren Gaben und Fähigkeiten mitwirkten, stand jetzt im Mittelpunkt und trug dazu bei, dass sich die Menschen weiterentwickelten. Jetzt waren die Voraussetzungen gegeben, dass eine Kultur entstehen konnte, die dem Leben eine neue Qualität gab. Grundlage dieser Kultur war eine gemeinsame Sprache. Denn erst das Einvernehmen, eine gemeinsame Sprache zu sprechen, ermöglichte die Kommunikation untereinander und nur durch die Sprache konnte die Kultur sich ausdrücken und an andere weitergegeben werden. Die Kultur in Babylonien umfasste die Geisteswissenschaften, die Astronomie und Astrologie, die Religion, die bildende Kunst und die Baukunst.

„Und sie sprachen untereinander: Wohlan lasst uns Ziegel streichen und hart brennen. Und es diente ihnen der Ziegel als Stein und der Asphalt diente ihnen als Mörtel." (1. Mose 11, 3) Nach Ägypten war Israel durch die babylonische Gefangenschaft zum zweiten Mal mit einer Hochkultur in Verbindung gekommen und sowohl in Ägypten als auch in Babylonien drückte sich diese Kultur in monumentalen Steinbauten aus. Der Unterschied in Babylonien bestand nur darin, dass man hier keine Steine zur Verfügung hatte, sondern sie erst brennen musste. Dass der Asphalt, sprich das Erdöl, schon damals eine so überragende Rolle spielte und erst diese gigantischen Bauten in Babylonien ermöglichte, lässt übrigens Parallelen zur Gegenwart erkennen. Die Größe und der Glanz Babyloniens waren schon damals auf Erdöl gebaut.

„Sie sprachen: Wohlan, lasst uns eine Stadt und einen Turm bauen, dessen Spitze bis an den Himmel reicht und uns einen Namen machen, sonst werden wir in der ganzen Welt zerstreut." (1. Mose 11, 4) Sowohl in Ägypten als auch in Babylonien waren die Pyramiden Kultbauten. Nach ägyptischer Vorstellung waren die Sterne göttliche Wesen und der verstorbene Pharao hatte Anspruch, als Gott unter ihnen zu weilen. Die Pyramide, in der ein Pharao bestattet wurde, sollte eine Art Leiter oder eine schiefe Ebene sein, auf der er den Weg zu den Sternen finden sollte. In Babylonien führten die Stufen ebenfalls zu Gott, dessen Haus auf der obersten Stufe stand. Die Zikkurats waren also auch eine Art Leiter, dessen Spitze bis an den Himmel reichte. Hinter diesen monumentalen Kultbauten lagen also der Wunsch und der Ehrgeiz der antiken Menschen, sich selbst den Zugang zu ihren Göttern zu verschaffen. Sie wollten ihren Göttern imponieren und sich bei ihnen einen guten Namen verschaffen. Dieser Glaube sollte das Reich zusammenhalten. Aber genau in diesem Bemühen, so groß sein zu wollen wie Gott selbst, lag die Auflehnung gegenüber Gott.

„Da fuhr Gott herab, um sich die Stadt und den Turm, den die Menschen gemacht hatten, zu besehen." (1. Mose 11, 5) Weil der Turm im Vergleich zur Größe Gottes so winzig war, musste Gott „herabfahren" und ihn so der Lächerlichkeit preisgeben. Eine Bemerkung voller Ironie, die den Stolz und den Ruhm, aus eigenem Vermögen und eigener Kraft den Weg zu Gott gefunden zu haben, völlig zunichte machte. Heute sind von der Stadt und dem Turm nur noch Trümmerberge zu sehen.

„Und Gott sprach: Siehe, sie sind ein Volk und haben alle eine Sprache, und dies ist der Anfang ihres Tuns. Nun wird ihnen nichts mehr unmöglich sein, was immer sie sich vornehmen." (1. Mose 11, 6) Diese Worte Gottes drücken eine große Skepsis aus. Die Kulturleistungen haben den Menschen Selbstbewusstsein gegeben und dieses Potential wächst mit der Größe eines Volkes. Aus der Geschichte wusste man: Ägypter, Hethiter, Assyrer, Babylonier und Perser konnten erst in dem Augenblick zu einer Gefahr werden, als sie sie eine bestimmte äußere Größe erreicht hatten.

Diese Machtstellung eines Volkes ergab sich nicht nur aus der äußeren Größe des Reiches, der Macht des Königs, der Anzahl seiner wehrfähigen Soldaten und der Ausrüstung seiner Heere, sondern einen entscheidenden Anteil hatte die Kommunikation, mit der diese riesigen Reiche, die sich zum Teil vom Tigris bis zum Nil ausdehnten, regiert werden konnten. Die Sprache war ein Mittel der Macht, ein Instrument, mit dem Heil und Unheil über Menschen gebracht werden konnte. Darin sah Gott große Gefahren für die Zukunft und er ahnte Schlimmes: „Dies ist der Anfang ihres Tuns. Nun wird ihnen nichts mehr unmöglich sein, was sie sich vornehmen!" Dies heißt, dass die Menschen auf allen Gebieten der Wissenschaft Großartiges leisten und Gott Konkurrenz machen werden. Sie werden mit ihren technischen Innovationen neue „Türme" bauen, mit denen sie die Menschheit gefährden und die ganze Schöpfung bedrohen können. Die Technik wird sich an die Stelle Gottes setzen.

Die Menschen werden auch bald keine Pyramiden mehr brauchen, um einen Weg zu Gott zu bahnen, weil sie auf dem Gebiet der Geisteswissenschaften immer größere Fortschritte machen. Sie werden großartige philosophische und religiöse Gedankengebäude mittels ihrer Sprache errichten und Wege aufzeigen, wie die Menschen zu ihrem Glück kommen können. Auch das Christentum wird sich den Versuchen, diese Treppen zum Himmel zu bauen, nicht entziehen. Und es wird immer wieder mutiger Reformatoren bedürfen, die diese Theorien und Gedankengebäude als menschliche Anmaßung brandmarken und sie in Frage stellen, um Gott den Platz und die Ehre zukommen lassen, die ihm gebührt.

„Wohlan, lasst uns herabfahren und daselbst ihre Sprache verwirren, dass keiner mehr die Sprache des anderen verstehe." (1. Mose 11, 9) Damit ist nicht gesagt, dass Gott der Sprache ihren Sinn nehmen oder aus ihr ein Kauderwelsch machen wollte. Diesem Missverständnis unterliegt das deutsche Wort „babbeln", das von dem Wort Babel abgeleitet ist. Wenn es zutrifft, dass der Turm von Babel unterbrochen und nicht ganz vollendet wurde, weil die babylonische Sprachverwirrung zu groß wurde, dann ist dies für die Israeliten der Ansatzpunkt zu behaupten, dass die Vielfalt der Sprachen und Kulturen das Instrument sein könnte, der menschlichen Hybris zu begegnen und die Gefahren für die Menschen in Grenzen zu halten. Dies mag in Zeiten der Telekommunikation und der globalen Vernetzung naiv erscheinen. Doch wenn mittels einer global agierenden Kommunikation riesige Finanzströme bewegt und das gesamte Wissen weltweit ausgetauscht werden, dann spüren wir die Gefahren, denen wir hilflos ausgeliefert sind. Erst das Internet ermöglicht jene Terrornetzwerke aufzubauen, die uns im Augenblick bedrohen. Außerdem werden weltweit Nachrichten ausgetauscht, die mit Bildern, Filmen und Musik auch Gewalt, Rassismus und Pornographie verbreiten und Kindern und Jugendlichen zugänglich sind. Die Sprache zu „verwirren" ist heute wohl nicht angesagt. Aber man versucht schon, diese riesigen Datenmengen zu reglementieren und zu verschlüsseln, um sie nicht jedem zugänglich zu machen. Und Symbole dieses globalen Gigantismus sind wieder Megastädte mit Türmen, die immer höher gebaut werden wie der Burj Chalifa in Dubai, der mit 828 Metern inzwischen das höchste Gebäude der Erde ist.

Vielleicht will uns die Geschichte vom Turmbau auch darauf hinweisen, dass kleinere Völker weniger zur Hybris neigen und weniger eine Bedrohung für andere sind. Schiere Größe macht anderen Angst. Größe kann auch Zwang und Unterdrückung bedeuten. „Großreiche" bedeuten immer eine Gefahr, weil sie andere zu dominieren versuchen. Genauso wie „Großkirchen" nicht unbedingt dem ökumenischen Geist gegenüber aufgeschlossen sind. Also sollten wir auch in der Kirche nicht die Einheit um jeden Preis suchen, sondern die Einheit in der Vielfalt entdecken.

Insofern könnte die Achtung vor jedem kleinen Volk und seinen Eigenarten und seiner Sprache aber auch die Achtung vor den verschiedenen Glaubensformen der Kirchen das Gebot der Stunde sein. Dieser Mut zur Kleinheit bewahrt uns davor, uns mit Gott messen zu wollen.

In dem Sinne will uns die Geschichte vom Turmbau an die Tugend der Demut erinnern, die uns die Grenzen unseres Handels und des wissenschaftlichen Forschens aufweist. Der Mensch darf nicht alles machen, was ihm zu tun möglich wäre. Auch dem technischen Fortschritt sollten Grenzen gesetzt sein.

Das gilt auch für das Nachdenken über Gott. Schon der große Philosoph Immanuel Kant hat uns an die Grenzen unseres Denkens erinnert, als er davon sprach, dass der Mensch unfähig sei, aus eigenem Vermögen Gott zu erfassen und zu verstehen. Das zu tun verwehrt uns schon das zweite Gebot. Das Alte Testament bemüht sich redlich, Gott zu erkennen. Aber alle Gotteserkenntnis kann eben nur so weit gehen, wie sich Gott selbst zu erkennen gibt. Bis zu dieser Grenze darf der Mensch gehen, bis dahin darf die Vorstellung über Gott und das Reden über Gott reichen. Der Glaube an diesen einen Gott gründet darauf, dass sich Gott offenbart und sich den Menschen kundtut. Nur darauf kann sich der Glaube beziehen, aber er darf diese imaginäre Linie nicht überschreiten – wie in der Turmbaugeschichte geschehen. Der Mensch darf mittels seines Denkens und seiner Sprache sich keinen Gott ausdenken und keine ausgeklügelte Theologie kann den persönlichen Glauben ersetzen.

Der Name „BAB-EL" heißt wörtlich übersetzt: Die Pforte zu Gott. Doch die Trümmerberge, die heute von dem Turm und dieser großartigen Stadt, die als uneinnehmbar galt, übrig geblieben sind, beweisen, dass dies der falsche Weg war.

Trotzdem: Der Name BAB-EL berührt die entscheidende grundlegende Frage aller Religionen und alles Nachdenkens über Gott.

Wo ist die Pforte zum Himmel und wo ist die Tür, die zum Herzen Gottes führt?

Mit diesen Fragen entlässt uns das Alte Testament.

Erst das Neue Testament gewährt uns eine weiterführende Gotteserkenntnis und offenbart uns einen Gott, der sich selbst in die Waagschale wirft, um uns Menschen zu suchen und wieder für sich zu gewinnen.

Die Ausgrenzung der Samaritaner

Das Exil hatte die Bewohner des Nordreiches nach Assyrien, die des Südreiches nach Babylonien gebracht. Beide wurden von den Persern befreit und konnten zurückkehren.

Während die Exilierten des Nordreiches in Assyrien sich der Kultur und dem Glauben des Landes eher anpassten, verfolgten die Exilierten des Südreiches eine strikte Trennung zu allen heidnischen Gebräuchen und hielten sich streng an das Gesetz ihres Gottes. Erschwerend kam hinzu, dass die Assyrer das Nordreich mit der Hauptstadt Samaria mit Fremdvölkern besiedelten. Als die Bewohner des Nordreiches, die sich nun Samaritaner nannten, aus dem Exil zurückkehrten, heirateten sie auch heidnische Frauen, was im Südreich mit Argwohn verfolgt wurde. Als die Bewohner des Südreiches Juda, die sich nun Juden nannten, daran gingen den Tempel wieder aufzubauen, boten sich die Samaritaner an, dabei mitzuhelfen, was aber von den Priestern Judas brüsk abgelehnt wurde.

Damit war der endgültige Bruch vollzogen.

Seitdem standen sich Juden und Samaritaner äußerst feindlich gegenüber und dies hatte zur Folge, dass die Samaritaner auf dem Berge Garizim einen eigenen Tempel bauten. Im Gegenzug erklärten die Juden, dass sie das Gebiet der Samaritaner nicht mehr betreten würden.

Seit dieser Zeit lag die Fortschreibung des alten israelitischen Glaubens nunmehr ganz in den Händen der Juden, während die Samaritaner davon völlig abgekoppelt waren.

Die Geschichte Israels wird nun zu einer Geschichte Judas oder Judäas und die Bezeichnung Jude ist seitdem bis in unsere Tage für die Glieder der israelitischen Kultusgemeinde in aller Welt zum gängigen Begriff geworden.

Judäa wird römisch

Nach dem Wiederaufbau des Tempels in Jerusalem, galt in Judäa der Primat der geistlichen über die weltliche Macht. Das heißt: Nicht ein König, sondern der Hohepriester war der oberste Würdenträger des Staates. Judäa war also eine Theokratie, wobei alle Bewohner auf die strengste Einhaltung des Gesetzes (der Thora) und den Tempeldienst verpflichtet wurden. Staatsideologie war ein strikter, unerschütterlicher, ja geradezu fanatischer Monotheismus.

Die persischen Herrscher haben diese Entwicklung mit Wohlwollen verfolgt. Die Toleranz gegenüber den unterschiedlichen Religionen im riesigen Vielvölkerreich war Kern der persischen Innenpolitik.

Dadurch erlebte Judäa über einen Zeitraum von über 200 Jahren eine Zeit der inneren Konsolidierung. In dieser Zeit nahm das Alte Testament seine endgültige Form an und die jüdischen Gelehrtenschulen vertieften den Glauben.

Eine neue Zeit kündigte sich erst an, als Alexander der Große die Perser besiegte, und griechischer Geist in den Orient Einzug hielt. Alexander tastete die Autonomie Judäas noch nicht an. Dies änderte sich erst, als nach dem frühen Tod Alexanders sein Reich aufgeteilt und Judäa im Jahr 200 v. Chr. ein Teil des syrischen Seleukidenreiches wurde. Dies führte dazu, dass sich Judäa einer allmählichen schleichenden Hellenisierung ausgesetzt sah.

Zur offenen Auseinandersetzung kam es unter dem seleukidischen König Antiochus IV., der sich den Beinamen „Epiphanes" gab, das heißt: „der sichtbare Gott", und dieser Beiname war sein Programm. Höhepunkt der Hellenisierungskampagne war die Umwandlung des Jerusalemer Tempels in einen Zeustempel im Jahre 168 v. Chr.

Doch nicht in Jerusalem, sondern in dem kleinen Dorf Modin bei Jerusalem begann der Aufstand. Als ein Jude, angelockt durch Geschenke eines syrischen Offiziers, vor einen Zeusaltar trat um zu opfern, wurde der Priester Mattatias von einem solchen Zorn ergriffen, dass er ihn totschlug. Daraufhin verfielen die Umstehenden in einen Taumel der Begeisterung, erschlugen den Offizier und zerstörten den Zeusaltar, anschließend flohen sie ins Gebirge. Sie bekamen Zulauf und konnten durch ihre Guerillataktik Jerusalem und den Tempel wieder erobern. In Erinnerung an die Wiedereinweihung des Tempels 165 v. Chr. feiern die Juden noch heute das Chanukkafest.

Ungefähr 100 Jahre konnten die Juden wieder ihre Unabhängigkeit genießen. Dies lag an dem Machtverfall des Seleukidenreiches, das im Westen von den Römern und im Osten von den Parthern in die Zange genommen wurde. Es gelang sogar, das alte Davidreich samt dem davidischen Königtum in alter Größe wieder erstehen zu lassen. Doch der Untergang nahte, als zwei Brüder, Aristobul und Hyrkan, sich nicht einigen konnten, wer nun König werden sollte. Schließlich kamen sie auf die Idee, einen „neutralen" Schiedsrichter die Sache klären zu lassen, und das war der römische Feldherr Pompejus, der mit seiner Legion in der Nähe war. Als seine Entscheidung nicht akzeptiert wurde, machte er kurzen Prozess, eroberte Jerusalem und machte Judäa im Jahr 63 v. Chr. zur römischen Provinz. Seine innere Autonomie blieb indes gewahrt. Einen der beiden Brüder, Hyrkan, ernannte er zum Hohepriester, jedoch musste dieser auf den Königstitel verzichten. Stattdessen setzte er einen Nichtjuden, den Idumäer Antipater, als Statthalter über Judäa ein. Einer seiner Söhne war…

Herodes der Große

Kein anderer Mensch hat die politische Landschaft in der Zeit vor dem Auftreten Jesu so nachhaltig geprägt. Er hat sich mit unglaublicher Zielstrebigkeit, Brutalität und Schläue durchgesetzt und unter seiner Führung ist dieses Land innerhalb von 33 Jahren zur führenden Wirtschaftsmacht im östlichen Mittelmeer aufgestiegen.

Seine politische Laufbahn begann als militärischer Befehlshaber in der Nordprovinz Galiläa, aber er dehnte, nachdem sein Vater bei einem Gelage vergiftet worden war, seinen Einfluss immer weiter aus, indem er ganz auf die Karte Roms setzte. Er gewann die Gunst Caesars und nach dessen Ermordung wusste er auch Marc Antonius für sich zu gewinnen. Sein rasanter Aufstieg geriet erst in Gefahr, als sich im Osten die gewaltige Streitmacht der Parther formierte und kurz darauf zum Sturm auf Jerusalem ansetzte. Herodes musste fliehen. Kurzerhand versteckte er seine Familie auf dem Felsen Masada, ritt mit einigen Getreuen nach Alexandria, mietete sich ein Schiff und segelte nach Rom, musste aber wegen der Herbststürme die Fahrt in Rhodos unterbrechen. Trotz großer Gefahren erreichte er Brindisi und verhandelte in Rom mit Marc Anton und Oktavian, dem späteren Kaiser Augustus. Durch seine Überredungskunst trotzte er den beiden die Zusage ab, aus Judäa wieder ein Königreich zu machen in dem er selbst König werden sollte. Doch zunächst musste das Land wieder erobert werden.

Mit einem Vorschuss Roms füllte er seine Kriegskasse und erreichte schon im Februar des Jahres 39 v. Chr. die Provinz Galiläa. Dort stellte er ein Söldnerheer auf. Zunächst befreite er seine Familie und rückte dann gegen Jerusalem vor. Aber die Zahl seiner Soldaten reichte nicht aus. Erst als der römische Legat von Syrien ihm zu Hilfe kam, fiel die Stadt nach dreimonatiger Belagerung.

Herodes war 36 Jahre, als er 37 v. Chr. in Jerusalem den Königsthron bestieg. Mit brutalen Maßnahmen und Säuberungen schaltete er alle seine Gegner aus und regierte mit harter Hand. Trotzdem nahm das Land in seiner Regierungszeit einen ungeheuren Aufschwung. Landwirtschaft, Handel und Handwerk blühten. Aber er legte seinen Untertanen auch große Abgabenlasten auf und finanzierte damit seine Prachtbauten. Dabei nahm er – außer in Jerusalem – wenig Rücksicht auf die religiösen Gefühle seiner Untertanen. Zunächst sicherte er durch den Bau von sieben Burgen sein Herrschaftsgebiet ab. Der großartige Palast- und Festungsbau über schwindelerregendem Abgrund auf dem Berg Masada am Toten Meer war ein Wunder antiker Bautechnik. Er sollte als Zuflucht für den Fall eines jüdischen Aufstandes dienen, den Herodes über alles fürchtete.

Er gründete Caesarea und baute die Stadt, die er nach seinem einstigen Gönner benannte, zu einem großen Seehafen aus. Vorbild der Stadtanlage war die ägyptische Stadt Alexandria. Das Oval seines Amphitheaters übertraf in Länge und Breite sogar das Kolosseum in Rom. Jerusalem machte er dann zu einer Weltstadt. Er errichtete einen prächtigen Königspalast und die Burg Antonia, die dazu diente, den Tempelbezirk zu überwachen. Nur an den Bau des jüdischen Tempels, der inzwischen baufällig geworden war, wagte er sich nicht. Als er einen Neubau ins Auge fasste, begegnete man ihm mit tiefem Misstrauen. Und er zeigte Verständnis für die Skeptiker. Kein Stein und kein Balken wurden von dem alten Tempel abgetragen. Zunächst vergrößerte er den Tempelvorplatz um das Doppelte und baute eine riesige Umfassungsmauer, deren westlicher Teil noch heute von den Juden in aller Welt als Klagemauer verehrt wird. Einige der Eckquader haben eine Länge von 12 Metern. Ihr Gewicht beträgt mehr als 100 Tonnen.

Erst im fünfzehnten Jahr seiner Regierung packte Herodes die Krönung seiner Bautätigkeit an. 20 Monate dauerte die Vorbereitungszeit für den Bau eines neuen Tempels. Um sich keinem Verdacht auszusetzen, gab er Order, jede religiöse Vorschrift genau zu beachten. Da das Allerheiligste nur von Priestern betreten werden durfte, ließ er 1000 Priester zu Steinmetzen und Zimmerleuten ausbilden. Insgesamt sollen 10.000 Arbeiter am Bau beschäftigt gewesen sein und schon nach 18 Monaten feierte Herodes mit großem Aufwand die Einweihung des Tempels. Jetzt konnte der alte Tempel niedergelegt werden. Da er selbst den Tempel nicht betreten durfte, ließ er im Süden einen „Vorhof der Heiden" bauen mit einer „Halle des Königs", die 185 Meter lang gewesen sein soll. Das Aussehen des Tempels muss beeindruckend gewesen sein. Der römische Schriftsteller Josephus Flavius beschreibt ihn so: „Die äußere Gestalt des Tempels versetzte sowohl das Auge als auch die Seele in Erstaunen. Der Tempel war fast überall mit massiven Goldplatten belegt und von Sonnenaufgang an strahlte er einen feurigen Glanz aus."

Als der Tempel fertig war, lehnte ihn kaum noch jemand ab, obwohl er von dem ungeliebten Herodes, der kein Jude war, ausgedacht und finanziert worden war.

Zweimal am Tag fanden dort Opfergottesdienste statt, der erste kurz nach der Morgendämmerung und der zweite unmittelbar vor Sonnenuntergang.

Aber Herodes blieb ein misstrauischer Mensch. Wenn es um seinen Thron ging, kannte seine Brutalität selbst in der eigenen Familie keine Grenzen. Drei seiner Söhne und seine geliebte Frau Mariamme, eine Jüdin, ließ er hinrichten. Noch vier Tage vor seinem Tode ließ er seinen Sohn Antipater töten, weil er sich von ihm hintergangen fühlte. Auch der Kindermord in Bethlehem ist nur so zu erklären.

Anfang April des Jahres 4 v. Chr. starb Herodes im Alter von 70 Jahren in seiner Sommerresidenz in Jericho. Er wurde bestattet auf der Bergfestung Herodion in der Nähe von Bethlehem, die er dafür auf einem hohen künstlich aufgeschütteten kreisrunden Berg hatte bauen lassen.

Für die Juden war seine 33-jährige Herrschaft eine Zeit des äußeren Friedens und des Wohlstands. Gedankt hat es ihm keiner.

Sadduzäer, Pharisäer, Essener und Johannes der Täufer

In der Zeit des Herodes entstanden in der jüdischen Gesellschaft einzelne Interessenvertretungen der etablierten Bevölkerungsschicht, es gab aber auch Protestbewegungen.

Die Tempelpriester, die Grundbesitzer und die wohlhabenden Händler schlossen sich zu einem lockeren Verband zusammen, um ihre Interessen wahrzunehmen. Nach dem Hohepriester Zadok, der zur Zeit Davids gelebt hatte, nannten sie sich Sadduzäer. Sie waren politisch interessiert und zum Teil auch von hellenistischem Denken beeinflusst. Sie hüteten die Schatzkammer im Tempel und sorgten mit ihren Vorschriften dafür, dass die Kasse immer gefüllt war.

Dass die Reichen in Jerusalem immer reicher und mächtiger wurden, sahen die ärmeren Kreise mit Zorn. So bildeten auch sie eine Interessenvertretung.

Sie nannten sich Pharisäer, das heißt die Abgesonderten. Sie hielten sich von fremden Einflüssen fern und vertraten die einfache Volksfrömmigkeit.

Pharisäer, Sadduzäer und Schriftgelehrte bildeten zusammen den Hohen Rat. Diese 71 Männer unter Vorsitz des Hohepriesters bildeten die oberste Behörde der Juden.

Eine andere Gruppe, die sich vollkommen von dem verderbten Leben, das nach ihrer Meinung in Jerusalem herrschte, abwandte, waren die Essener. Sie gingen in die unwirtlichste Gegend des Landes, an den Rand des Toten Meeres und bauten dort das Kloster Qumran. Ihre Zeit verbrachten sie damit, die Texte der Thora abzuschreiben. Die Essener wurden bekannt, als 1947 in einer Felsspalte Krüge mit Schriftrollen aufgefunden wurden, die sie nach der Eroberung durch die Römer dort versteckt hatten.

Ob Johannes der Täufer den Essenern nahe stand, bleibt ungeklärt. Johannes war kein Mönch, der in einer Gemeinschaft lebte, sondern eher ein Eremit, der mit scharfen Worten gegen die jüdische Frömmigkeit seiner Zeit polemisierte. Er lehrte in der Wüste, kleidete sich in Kamelfell und aß Heuschrecken sowie wilden Honig.

In seiner Predigt kamen die großen Themen der alttestamentlichen Propheten zur Sprache: Gericht und Umkehr. Er sprach zu denen, die aus Jerusalem zu ihm an den Jordan gekommen waren, in packenden Bildern und einprägsamen Formulierungen: „Ihr Schlangenbrut, wer hat euch gelehrt, dass ihr dem zukünftigen Zorn entrinnen werdet?" Dabei griff er die zentrale Lehre des Judentums an: „Bringt würdige Früchte der Umkehr und denkt nicht, wir haben Abraham zum Vater. Denn ich sage euch: Gott vermag dem Abraham aus diesen Steinen Kinder zu erwecken." (Matthäus 3)

Auf Fragen aus dem Zuhörerkreis, was sie in ihrem Leben ändern sollten, gab Johannes sehr pragmatische Antworten. Er forderte die Zuhörer nicht auf, alles zu verlassen und sich ihm in der Wüste anzuschließen. Das unterschied ihn von den Essenern. Vielmehr ermahnte er sie, in ihrem Beruf zu bleiben und nach dem Gesetz Gottes zu leben.

Mit dem Aufruf zur Buße verband Johannes die Forderung, sich taufen zu lassen.

Viele dachten, dass er schon der erwartete Messias wäre. Aber dem trat Johannes vehement entgegen und sagte: „Ich taufe mit Wasser, aber es kommt ein Stärkerer als ich, dessen Schuhriemen zu lösen ich nicht würdig bin. Der wird euch mit dem heiligen Geist und mit Feuer taufen." (Matthäus 3, 11) Damit wies er auf das baldige Kommen Jesu hin. Dass er selbst einmal diesen Jesus taufen sollte, ahnte er damals noch nicht.

Die Vorgeschichten Jesu

Es hat den Anschein, als ob die Geschichten, die mit der Empfängnis Jesu, seiner Geburt und Kindheit zu tun haben, nicht für alle Evangelisten gleich wichtig waren. Markus und Johannes übergehen diese Vorgeschichten ganz. So wird das theologisch brisante Thema der Jungfrauengeburt nur bei Matthäus und Lukas erwähnt. Offensichtlich lag ihnen daran, die Gottessohnschaft Jesu biologisch zu begründen.

Gleichwohl: wenn dieser Jesus ein richtiger Mensch war – und das ist die Kernaussage des Neuen Testaments, dann gehört unabweisbar dazu, dass er auch von einem Mann, in dem Falle von Josef, gezeugt wurde. Für die Vaterschaft Josefs spricht übrigens der Stammbaum Jesu im ersten Kapitel des Matthäusevangeliums. Dieser ausführliche Stammbaum hat einen besonderen Hintergrund.

Maria und Josef hatten ihren Wohnsitz in Galiläa und nicht in Judäa. Das war für viele orthodoxe Juden nicht standesgemäß, denn Galiläa grenzt im Norden an Samaria und ähnlich wie in Samaria hatte sich auch hier die aus dem Exil gekommene jüdische Bevölkerung mit heidnischen Kolonisten vermischt. Das machte sie verdächtig. Das waren keine richtigen Juden. Lediglich die Tatsache, dass sie im Unterschied zu den Samaritanern darauf verzichtet hatten, einen eigenen Tempel zu bauen, verhinderte einen Bruch mit Judäa. Später wurden Juden aus dem jüdischen Kernland nach Galiläa umgesiedelt. Das Land wurde wieder judaisiert. Es kann sein, dass die Vorfahren von Maria und Josef zu diesen Umsiedlerfamilien gehörten, denn unmittelbar vor der Niederkunft mussten Maria und Josef nach Bethlehem in Judäa kommen, weil der Kaiser Augustus eine Volkszählung angeordnet hatte. Dazu musste sich jede Familie in die Stadt begeben, aus der ihre Vorfahren ursprünglich stammten.

Darum liegt Matthäus so viel daran, am Anfang seines Evangeliums sozusagen einen arischen Nachweis darüber zu führen, dass Josef ein echter Jude war und in direkter Linie von Abraham abstammte. Auch das spricht für die Vaterschaft Josefs. Sonst würde der ausführliche Stammbaum im ersten Kapitel des Matthäusevangeliums keinen Sinn ergeben.

Die Geburt Jesu in Bethlehem wird nur im Lukasevangelium erzählt. Sie ist eine der bekanntesten biblischen Geschichten und berichtet, dass Jesus in äußerster Niedrigkeit und Armut zur Welt kam. Schon bei der Herbergssuche wurden Maria und Josef abgewiesen und mussten mit einem Stall vorlieb nehmen. Also musste das Jesuskind in einer Futterkrippe liegen.

Die ersten Menschen, die von der Geburt erfuhren, waren Hirten, die im Standesdenken der damaligen Zeit auf der untersten Stufe standen. Einzig die heiligen drei Könige gehörten einer höheren Gesellschaftsschicht an. Doch Könige waren sie bestimmt nicht. Wahrscheinlich waren es Astrologen, vielleicht sogar „Hofastrologen" aus Mesopotamien. Dort hatte die Astrologie schon immer eine große Rolle gespielt. Es wird berichtet, dass Nabonid, der letzte babylonische König, derart in diese Wissenschaft vernarrt war, dass er darüber die Verteidigung seines Landes vernachlässigte und das Land so eine leichte Beute der Perser werden konnte.

Im zweiten Kapitel des Matthäusevangeliums wird geschildert, dass diese Männer einen besonders hellen Stern gesehen und ihm gefolgt seien. Dies sei für sie ein Hinweis gewesen, dass den Juden ein neuer König geboren worden sei. „Und siehe der Stern, den sie im Morgenland gesehen hatten, ging vor ihnen her, bis er über dem Ort stand, wo das Kindlein war." (Vers 9)

Dieser Stern könnte uns einen Hinweis auf das Geburtsjahr Jesu geben. Denn das genaue Datum von Jesu Geburt kennen wir nicht. Ziemlich sicher ist nur, dass Jesus nicht im Jahre Null, sondern wahrscheinlich im Jahre „sieben vor Christi Geburt" zur Welt gekommen ist. Alle Untersuchungen, die auf historische Hinweise in den Evangelien Bezug nehmen, kommen zu diesem Ergebnis. Die Zeitdifferenz beruht auf einem Rechenfehler, den der römische Abt Dionysius Exiguus beging, der in der ersten Hälfte des 6. Jahrhunderts lebte. Er setzte in seiner Ostertafel an die Stelle des „248. Jahres des

Diokletian" das „532. Jahr unseres Herrn Jesu Christi", weil „er es für würdiger hielt, den Verlauf der Jahre nach der Menschwerdung Christi zu bezeichnen und nicht nach einem Mann, der eher ein Tyrann als ein Kaiser war". Dabei hat er sich offensichtlich um sieben Jahre vertan.

Dieses Datum 7 v. Chr. hat durch die Geschichte von den drei Männern, die einem Stern folgten, eine überraschende Bestätigung gefunden.

Schon dem großen Astronomen Johannes Kepler war aufgefallen, dass in dem betreffenden Jahr eine Planetenkonjugation der Planeten Saturn und Jupiter stattgefunden hatte. Diese Feststellung ist später immer wieder einer Prüfung unterzogen und bestätigt worden. Diese beiden Planeten begegnen sich etwa alle 20 Jahre. Alle 258 Jahre kommt es zu einer dreifachen Begegnung, aber jeweils in einem anderen Tierkreiszeichen. Doch eine dreifache Konjunktion im gleichen Sternbild ereignet sich nur alle 794 Jahre. Und diese dreifache Konjunktion fand im Jahre 7 v. Chr. genau im Sternbild der Fische statt. Am klaren orientalischen Himmel hat diese seltene Planetenkonstellation bestimmt großes Aufsehen erregt. Dabei zeigte sich der Jupiter als strahlender Stern in höchstmöglichem Glanz, während der Saturn etwas blasser erschien.

Da der Planet Jupiter im Altertum als Königsstern und Stern des Weltherrschers galt, war die Annahme, dass ein neuer König geboren sei, also durchaus berechtigt (Näheres bei Gerhard Kroll, Auf den Spuren Jesu, St. Benno Verlag Leipzig).

Ansonsten erfahren wir über die Kindheit und Jugendzeit Jesu fast nichts. Einzig das Lukasevangelium enthält einen Bericht über eine Wallfahrt von Maria und Josef nach Jerusalem. Dass Jesus daran teilnehmen konnte, hatte seinen Grund. Mit dem vollendeten 13. Lebensjahr wurde ein Jude mündig, das heißt in der Synagoge frageberechtigt und zur Erfüllung des ganzen Gesetzes verpflichtet. Vom 12. Lebensjahr an sollten die Kinder an die Beobachtung des Gesetzes gewöhnt werden.

Darum durfte Jesus mitgehen und die wunderschöne Stadt Jerusalem mit dem gerade erst fertig gestellten Tempel erleben.

Als sich Maria und Josef nach einigen Tagen wieder auf den Heimweg nach Nazareth machen wollten, war Jesus plötzlich verschwunden. Sie fanden ihn im Tempel, wo er den dort versammelten Schriftgelehrten Rede und Antwort stand und offensichtlich durch seine Kenntnisse in der Schrift Eindruck machte. Als seine Eltern ihm verständlicherweise Vorhaltungen machten, sagte Jesus einen bemerkenswerten Satz: „Wisst ihr nicht, dass ich sein muss in dem (Haus), das meines Vaters (Haus) ist?" (Lukas 2, 49)

Kein Jude hätte es je gewagt, den großen heiligen Gott, dessen Namen man aus Ehrfurcht kaum auszusprechen wagte, seinen Vater zu nennen. Diese Anrede wurde von frommen Juden sogar als Gotteslästerung angesehen. Aber schon hier zeigt sich die enge Beziehung Jesu zu Gott.

Wahrscheinlich hat Jesus, wie sein Vater, den Beruf eines Zimmermanns gelernt und in der Werkstatt seines Vaters gearbeitet. Mit Sicherheit hatte Jesus noch Geschwister, wie viele weiß man nicht.

Um 27 oder 28 nach unserer Zeitrechnung verließ Jesus sein Elternhaus und ging zu Johannes dem Täufer an den Jordan. Jetzt folgen drei Ereignisse, die das Leben Jesu vollkommen veränderten: Es war die Taufe, die Versuchung und die Berufung der Jünger.

Die Taufe Jesu

Neben der Kreuzigung und Auferstehung ist die Taufe das wichtigste herausragende Erlebnis im Leben Jesu. Matthäus berichtet, dass Johannes zunächst zögerte, ihn zu taufen, weil er wohl erkannte, wen er vor sich hatte, aber Jesus bestand darauf, von Johannes getauft zu werden. Also stieg Jesus bei Jericho an einer seichten Stelle des Jordans ins Wasser und empfing, indem er dreimal untertauchte, durch Johannes die heilige Taufe.

Danach geschahen zwei Zeichen, von denen die Evangelisten berichten.

Es heißt: **„Da tat sich ihm der Himmel auf und er sah den Geist Gottes wie eine Taube herabfahren und über sich kommen."** (Matthäus 3, 16)

In diesem Augenblick wurde Jesus von Gott bevollmächtigt, als seine authentische Stimme unter den Menschen zu reden und zu handeln. Die Taufe war seine Berufung.

Den Propheten war auch der Geist Gottes mitgeteilt worden, aber dies galt nur für den Zeitraum, wenn sie redeten und im Auftrage Gottes dem Volk eine göttliche Botschaft überbrachten. Dem gegenüber fügt der Evangelist Johannes hinzu: „Ich sah, dass der Geist herabfuhr wie eine Taube vom Himmel **und er blieb auf ihm.“** (Johannes 1, 32)

Der Geist Gottes wich nun nicht mehr von ihm. Seit der Taufe bestand diese engste Verbindung zwischen Jesus und seinem himmlischen Vater.

Das Besondere und Einzigartige dieser Geistmitteilung lag darin, dass sich Jesus in seiner Ganzheit diesem Geist Gottes öffnete. Nichts blieb diesem Wirken Gottes verschlossen. Jesus war in diesem Augenblick das vollkommene Gefäß, in das der Geist Gottes einströmen konnte, ihn ganz erfüllte und durch ihn wirkte.

Wenn Jesus später sagt: „Wer mich sieht, der sieht den, der mich gesandt hat“ (Johannes 12, 45), dann meint er mit Sicherheit nicht, dass seine äußere Erscheinung Gott ähnlich war, sondern sein Reden und Handeln war jetzt mit dem Reden und Handeln Gottes identisch geworden. Er war von dem Zeitpunkt seiner Taufe an nicht nur ein Prophet, wie es schon einige vor ihm gab, sondern er war die sichtbare vollkommene Repräsentanz dieses unsichtbaren Gottes auf Erden. Damit war Jesus nicht ein Gott neben dem allmächtigen Gott geworden. Jesus vermeidet es ausdrücklich, sich als Gott zu bezeichnen oder sich von anderen Gott nennen zu lassen. Er ist lediglich das einmalige, vollkommene, auserwählte Werkzeug Gottes auf Erden.

Er lebte als Mensch und starb als Mensch. Jesus war nicht halb Mensch und halb Gott, also ein Gottmensch, sondern er war im Vollsinn des Wortes Mensch geblieben. Menschlich war die Hülle seines Leibes. Er lebte, litt, aß, trank, war fröhlich und traurig und konnte weinen wie jeder andere Mensch auch, aber dieser Leib wurde in seiner Gänze bewohnt, beansprucht und in Dienst genommen in bisher nie da gewesener Vollkommenheit von dem Geist Gottes. Dies ist für das Verständnis Jesu und unseren Glauben von außerordentlicher Bedeutung.

Übrigens ist das Bild von der Taube eher nebensächlich. Es sollte in der bildreichen orientalischen Erzählweise lediglich betont werden, dass der heilige Geist vom Himmel herabkam so wie eine Taube vom Himmel herabkommt.

Nach dieser Geistmitteilung geschah nun ein weiteres Zeichen, mit dem Gott die Mission Jesu bestätigte. **„Und siehe, eine Stimme vom Himmel herab sprach: ‚Dies ist mein lieber Sohn, an dem ich Wohlgefallen habe.'"** (Matthäus 3, 17)

Jetzt, nach der Taufe, nannte Gott selbst diesen Jesus „seinen Sohn". Die Gottessohnschaft Jesu beruht also einzig darauf, dass Jesus im absoluten Gleichklang mit seinem himmlischen Vater lebte, weil er aus dem gleichen Geist heraus redete und handelte.

Auch im orientalischen Sprachgebrauch muss das Wort „Sohn" nicht unbedingt heißen, dass der Sohn leiblich von ihm abstammt, sondern der Sohn ist derjenige, der mit dem Vater aus einem Geist heraus handelt.

Die Versuchung Jesu

Nach der Taufe folgte eine letzte große Bewährungsprobe. Um auch die allerletzten und kleinsten Zweifel an der Verlässlichkeit Jesu gegenüber seinem himmlischen Vater auszuräumen, schickte Gott ihn in das Feuer der Versuchung. Wenn er als Mensch auf dieser Erde leben sollte, durften ihm die Versuchungen, denen jeder Mensch in seinem Leben ausgesetzt ist, nicht fremd sein.

Es heißt ausdrücklich, dass der Geist Gottes ihn in die Wüste geführt habe. Die Kargheit und Einsamkeit der Wüste kann Menschen in Grenzsituationen führen, die den wahren Charakter und sein innerstes Wesen bloßlegen. Hier in der Wüste musste Jesus beweisen, ob er stark genug ist, den Verlockungen der Welt gegenüber standhaft zu bleiben.

Als Vorbereitung für diese letzte Bewährung wurde Jesus in der Wüste noch ein 40-tägiges Fasten auferlegt. Möglich ist, dass diese 40 Tage die Erinnerung an die 40-jährige Wüstenwanderung wach halten sollten.

Als Versucher fungiert in dieser Erzählung nicht eine Schlange, sondern der „Diabolos", wie es im griechischen Urtext heißt. Überflüssig ist die Frage, wie er aussah oder durch wen er vertreten wurde, sondern wichtig ist nur, was er sagte. Ob Diabolos, Versucher, Teufel oder Satan, diese Begriffe repräsentieren die widergöttlichen Mächte.

Es waren insgesamt drei Versuchungen, denen sich Jesus stellen musste.

Die erste Versuchung: **„Und der Versucher trat zu ihm und sprach: Bist du Gottes Sohn, so sprich, dass diese Steine Brot werden." Jesus aber antwortete und sprach: Der Mensch lebt nicht vom Brot allein, sondern von einem jeden Wort, das aus dem Munde Gottes geht."** (Matthäus 4, 3-4)

Der Begriff „Brot" steht für die materiellen Güter des Menschen, so weit sie für die Aufrechterhaltung des Lebens wichtig sind. Sie sollten in Maßen verbraucht und genutzt werden. Der Mensch sollte sogar für eine begrenzte Zeit auch einmal auf sie verzichten können. Das ist der Sinn des Fastens. Irdische Güter sollten nicht die Hauptsache unseres Lebens werden, für deren Erwerb und Besitz wir arbeiten und leben.

Jesus sieht den Menschen in seiner gottgewollten Ganzheit und das heißt: Weil der Mensch für ihn nicht nur ein leibliches, sondern auch ein geistiges Wesen ist, bedürfen sowohl die leibliche als auch die geistige Seite des Menschen der Nahrung.

Die Nahrung für die geistige Seite unseres Lebens, die für Jesus sogar der wichtigere Teil der Nahrungsaufnahme ist, wird uns gereicht durch das Wort Gottes. Der Mensch „lebt" eben nicht nur von den materiellen Dingen, sondern er lebt vor allem von Worten, die ihm Kraft, Wegweisung, Trost, Hoffnung sowie Ermutigung geben und Sinngebung für sein Leben stiften.

Die zweite Versuchung: **„Da führte ihn der Versucher mit sich in die heilige Stadt und stellte ihn auf die Zinne des Tempels und sprach zu ihm: ‚Bist du Gottes Sohn, so wirf dich hinab, denn es steht geschrieben: Er wird seinen Engeln Befehl geben und sie werden dich auf den Händen tragen...' Da sprach Jesus zu ihm: ‚Wiederum steht auch geschrieben: Du sollst den Herrn, deinen Gott, nicht versuchen.'"** (Matthäus 4, 5-7)

Die so genannte „Zinne des Tempels" bezeichnet eine Stelle an der Südmauer des Tempelareals in Jerusalem, des heutigen „Haram-esch-Scherif". Die Höhe der Stützmauer vom gewachsenen Felsen bis zum Niveau des Haram beträgt hier etwa 30 Meter. Von oben blickt man hinunter ins Hinnomtal. Ein Sprung in die Tiefe bedeutet den sicheren Tod.

Jesus sollte sich „hinunterwerfen" um zu beweisen, dass Gott das hält, was er verspricht. Denn Gott würde schon nicht zulassen, dass Jesus so stirbt und er würde ihn schon auffangen. Wenn er unversehrt diesen Sturz überleben würde, wäre solch ein „Wunder" doch die beste Bestätigung und ein unwiderlegbarer Beweis dafür, dass Jesus wirklich der Sohn Gottes ist und Gott zu ihm steht. Doch Jesus tut es nicht.

Jesus sagt: „Du sollst deinen Gott nicht in Versuchung führen."

Worin liegt diese Versuchung Gottes? Sie liegt darin, über die Güte Gottes verfügen zu wollen und für den Menschen berechenbar zu machen. Sie liegt in dem vermeintlichen Automatismus göttlicher Verheißungen.

Gott will helfen, bewahren, schützen und Menschen auch „auffangen", aber der Mensch kann diese Hilfe nicht abrufen. Wenn Gott seine Hilfe zusagt, dann heißt das noch lange nicht, dass Gott in allen Fällen auch helfen wird. Wenn Menschen bewusst ihr Leben aufs Spiel setzen, sich durch eigenes Verschulden in große Gefahr bringen oder sonst wie mit ihrem Leben Schindluder treiben, dann kann man nicht immer erwarten, dass Gott dem Menschen in jedem Fall aus der Patsche hilft. Das Vertrauen in die Hilfe Gottes setzt voraus, dass der Mensch achtsam mit seinem Leben umgeht und sich nicht leichtfertig verhält.

Das sehen viele Menschen oft anders. Wenn die von Gott erbetene Hilfe ausbleibt, wenden sich viele von ihm ab. Viele Menschen zweifeln an Gott und verlieren den Glauben an ihn, wenn er ihren Erwartungen nicht entspricht. Dagegen sollte man sich bewusst machen, dass sich Gott seine Art zu helfen nicht vorschreiben lässt. Gott ist frei, zu helfen oder nicht zu helfen, und es ist Gnade, wenn er es tut.

Außerdem muss Gott nicht durch solch ein spektakuläres Wunder beweisen, dass Jesus der Sohn Gottes ist. Das wird Jesus durch die Kraft seiner Worte und Taten schon selbst tun. Ein Glaube, der sich nur an einem „Wunder" orientiert, ist kurzlebig und hohl. Das ist der Hintergrund dieser zweiten Versuchung.

Die dritte Versuchung: **„Daraufhin führte ihn der Versucher mit sich auf einen hohen Berg und zeigte ihm alle Reiche der Welt und ihre Herrlichkeit und sprach zu ihm: ‚Das alles will ich dir geben, wenn du nieder-**

fällst und mich anbetest.' Da sprach Jesus zu ihm: ‚Weg mit dir, Satan! Denn es steht geschrieben: ‚Du sollst anbeten den Herrn, deinen Gott, und ihm alleine dienen.'" (Matthäus 4, 8-10)

Alle Reiche dieser Welt, aller Reichtum dieser Welt, alle Macht über diese Welt – es sind jene Verlockungen, mit denen Jesus geködert werden sollte, sich den widergöttlichen Mächten auszuliefern.

Jesus lehnt es ab, sich als weltlicher Herrscher zu sehen und eine Weltregierung anzustreben. Denn wenn er sich darauf einließe, dann müsste er auch einen Kniefall vollziehen vor den Mitteln der Gewalt, des Krieges, des Terrors und der Unterdrückung.

Jesus widersteht den Verlockungen der Macht. Es geht ihm nicht darum, die Welt zu beherrschen, sondern ihr zu dienen. Und die Mittel seiner Herrschaft sind nicht Waffen und Gewalt, sondern allein die Liebe. Es ist nicht seine Absicht, ein wie auch immer geartetes weltliches Reich aufzubauen, über das er regiert, sondern er will den Geist Gottes, der ihm von seinem himmlischen Vater verliehen wurde, an die Menschen weitergeben. Er will nicht in erster Linie die Gesellschaft, sondern die Herzen der Menschen verändern. Im Unterschied zu Mohammed will er <u>kein</u> weltlicher Regent sein.

Allen drei Versuchungen widerstand Jesus und er widerstand ihnen mit der Kraft des Wortes Gottes. Auffällig ist, dass Jesus den Angeboten des Versuchers jeweils mit klaren eindeutigen Bibelworten begegnete. Es waren die Worte der Schrift, mit denen er sich wehrte, wappnete und mit denen er argumentierte und die ihm die innere Sicherheit gaben, den Versuchungen zu widerstehen.

Und danach geschah folgendes: **„Da verließ ihn der Versucher. Und siehe, da traten die Engel zu ihm und dienten ihm."** (Matthäus 4, 11)

Jetzt hatte Jesus seinen Kurs klar bestimmt. Er hatte, im Unterschied zu Adam und Eva, die Versuchungen zurückgewiesen. Unmittelbar danach trat er an die Öffentlichkeit und die Engel Gottes waren ihm fortan zu Diensten.

Die Berufung der zwölf Jünger

Als ersten Schritt sammelte Jesus zwölf Jünger um sich. Die Zahl zwölf sollte an die zwölf Stämme Israels erinnern. Diese zwölf Jünger bildeten die Vorhut des „Neuen Israel", das aus seiner Verkündigung neu entstehen sollte. Sie waren die Keimzelle einer neuen Gemeinde, die sich in den Vorstellungen Jesu schon abzeichnete.

Meist ging er auf die Männer zu, die gerade bei ihrer Arbeit waren, und sagte ihnen: „Folge mir nach!" Und sie verließen alles, was sie hatten, und folgten ihm nach.

Es waren Petrus, Andreas, Johannes, Jakobus der Ältere, Jakobus der Jüngere, Philippus, Matthäus, Thomas, Bartholomäus, Thaddäus, Simon und Judas.

Dies war kein elitärer Kreis, sondern Menschen mit allen Stärken und Schwächen. Allein die Tatsache, dass Jesus sogar einen Judas in seinem Jüngerkreis duldete, zeigt seine ungewöhnliche Toleranz.

Die Wirksamkeit Jesu kann man unter drei Gesichtspunkten zusammenfassen:

Jesus der Lehrer und Prediger
Jesus der Helfer und Wundertäter
Jesus der Erlöser – das Kreuz und die Auferstehung

Jesus der Lehrer und Prediger – die Bergpredigt

„Ändert euren Sinn, denn das Himmelreich ist nahe herbeigekommen." Mit diesen Worten trat Jesus an die Öffentlichkeit. Welche Änderungen er meinte, fasst er in der Bergpredigt (Matthäus 5-7) zusammen. Am Anfang stehen die programmatischen Sätzen der Seligpreisungen. Sodann präzisiert er das jüdische Gesetz mit den Worten: „Den Alten wurde gesagt... Ich aber sage euch!"

Die Bergpredigt beginnt mit den Worten: „Als Jesus das Volk sah, ging er auf einen Berg und setzte sich. Und seine Jünger traten zu ihm. Und er tat seinen Mund auf, lehrte sie und sprach:

Die Seligpreisungen

Selig sind, die arm sind vor Gott.
Denn ihnen gehört das Himmelreich.

Gemeint ist hier nicht in erster Linie die materielle Armut, sondern die Begrenztheit und Armut unserer menschlichen Vernunft und unseres Wissens. Nur wer sich dieser menschlichen Begrenztheit bewusst ist, kann sich dem Wirken Gottes öffnen.

Selig sind die Trauernden.
Denn Gott wird sie trösten.

Selig sind, die auf Gewalt verzichten.
Denn ihnen wird einmal die Erde gehören .

Selig sind, die hungern und dürsten nach der Gerechtigkeit.
Denn sie werden satt werden.

Selig sind die Barmherzigen.
Denn sie werden Barmherzigkeit erlangen.

Selig sind, die ein reines Herz haben.
Denn sie werden Gott schauen.

Selig sind, die Frieden stiften.
Denn sie werden Kinder Gottes genannt werden.

Selig sind, die um der Gerechtigkeit willen verfolgt werden.
Denn ihnen gehört das Himmelreich.

Matthäus 5, 1-10

Im Folgenden werden die wichtigsten Passagen der Bergpredigt verkürzt wiedergeben.

• Ihr seid das Salz der Erde.
  Ihr seid das Licht der Welt. (5, 13-16)

- Ihr habt gehört, dass zu den Alten gesagt ist: Du sollst nicht töten. Ich aber sage euch: Wer mit seinem Bruder zürnt, der ist des Gerichts schuldig... Wenn du also auf dem Altar deine Gabe opfern willst und es kommt dir in den Sinn, dass dein Bruder (oder deine Schwester) etwas gegen dich hat, so lass deine Gabe vor dem Altar liegen und gehe und versöhne dich und dann komm und opfere deine Gaben. (5, 21-26)

- Ihr habt gehört, dass gesagt ist: Auge um Auge, Zahn um Zahn. Ich aber sage euch: Leistet dem, der euch Böses tut, keinen Widerstand, sondern wenn dich einer auf die rechte Wange schlägt, dem halte die andere auch hin. (5, 38-42)

- Ihr habt gehört, dass euch gesagt ist: Du sollst deinen Nächsten lieben und deinen Feind hassen. Ich aber sage euch: Liebet eure Feinde, bittet für die, die euch verfolgen, damit ihr Kinder eures Vaters im Himmel seid. Denn Gott lässt seine Sonne aufgehen über Böse und Gute und lässt regnen über Gerechte und Ungerechte. (5, 43-48)

- Wenn du Almosen gibst, so lass deine linke Hand nicht wissen, was die rechte tut. Niemand soll davon erfahren. Dein himmlischer Vater, der alles sieht, wird dich dafür schon belohnen. (6, 1-4)

- Wenn ihr betet, muss das nicht in aller Öffentlichkeit geschehen. Gehe in dein Zimmer und bete. Gott im Himmel wird es hören. Es kommt auch nicht darauf an, lange zu beten. Euer himmlischer Vater weiß schon, was ihr braucht, ehe ihr ihn um etwas bittet. Darum sollt ihr also beten (6, 9-13):

Vater unser im Himmel.

Dein Name werde geheiligt.

Dein Reich komme.

Dein Wille geschehe im Himmel also auch auf Erden.

Unser tägliches Brot gib uns heute

Und vergib uns unsere Schuld,

wie auch wir vergeben unseren Schuldnern.

Und führe uns nicht in Versuchung,

sondern erlöse uns von dem Bösen.

Denn Dein ist das Reich und die Kraft und die Herrlichkeit in Ewigkeit.

Amen

- Ihr sollt euch keine Schätze sammeln, die Motten und Rost fressen. Sammelt euch aber Schätze im Himmel. Denn wo euer Schatz ist, da ist auch dein Herz. Trachtet zuerst nach dem Reiche Gottes und nach seiner Gerechtigkeit, so wird euch alles andere dazugegeben werden. (6, 19-34)

- Urteilt und redet nicht über andere, damit euch Gott nicht verurteilt. Denn nach dem Maß mit dem ihr messt, werdet auch ihr gemessen werden. Du siehst den Splitter in deines Bruders Auge und nimmst nicht wahr den Balken in deinem eigenen Auge. (7, 1-5)

- Alles was ihr wollt, dass euch die Leute tun sollen, das tut ihnen auch. Das steht im Gesetz und das sagen die Propheten. (7, 12)

- Es werden nicht alle, die zu mir: Herr! Herr! sagen, in das Himmelreich kommen, sondern die den Willen tun meines Vaters im Himmel. (7, 21)

- Darum, wer diese meine Rede hört und tut sie, der gleicht einem klugen Mann, der sein Haus auf einen Felsen baute. Als nun ein Platzregen fiel und die Wasser kamen und die Winde wehten und stießen an das Haus, fiel es doch nicht ein, denn es war auf Fels gegründet. (7, 24-25)

- Und es begab sich, als Jesus diese Rede vollendet hatte, entsetzte sich das Volk über seine Lehre, denn er lehrte mit Vollmacht und nicht wie die (jüdischen) Schriftgelehrten. (7, 28-29)

Jesus der Lehrer und Prediger – die Gleichnisse

Die Predigten Jesu zogen viele Menschen an, weil er sehr unkonventionell über den Glauben redete. Seine Sprache war fesselnd, anschaulich und für jeden verständlich. Er griff Situationen aus dem alltäglichen Leben heraus und wandte sie auf den Glauben an Gott an. Diese bildhaften Reden nennt man Gleichnisse.

Es sind uns in den Evangelien viele Gleichnisse überliefert. Ich versuche einige verkürzt mit meinen eigenen Worten wiederzugeben.

Die Liebe des Vaters zu seinem Kind

Lukas 15, 11-24

Ein Vater hatte zwei Söhne. Der Ältere tat auf dem Hof seine Arbeit, während der Jüngere weggehen wollte. Er suchte die Freiheit, die Ungebundenheit. Als er seinen Wunsch dem Vater vortrug, widersprach ihm der Vater erstaunlicherweise nicht. Im Gegenteil. Er zahlte ihm sein Erbe aus und ließ ihn ziehen. Aber sein Freiheitsdrang führte ihn in die Irre. Er geriet unter die Räder und es ging immer weiter bergab. Als er kein Geld mehr hatte, verdingte er sich als Schweinehirt.

Jetzt erinnerte er sich wieder an sein Vaterhaus. Aber er schämte sich zurückzukehren. Er hatte Angst, sein Vater würde ihn rausschmeißen. Aber schließlich wagte er es doch.

Als er noch in einiger Entfernung von zu Hause war, hatte ihn sein Vater schon entdeckt. Er lief ihm entgegen und herzte und küsste ihn. Die Freude des Vaters war so groß, dass er sogar ein Fest veranstaltete, was dem daheimgebliebenen Bruder gar nicht gefiel. Aber der Vater sagte: „Ich dachte, mein Kind sei tot und jetzt habe ich ihn wieder."

Das Fazit Jesu: Genauso freut sich der himmlische Vater, wenn jemand wieder zu ihm zurückkehrt.

Muss ein Christ alles vergeben?

Matthäus 18, 21-35

Es war einmal ein König. Der hatte sich vorgenommen, seine Schulden einzutreiben. Da geriet er an einen Mann, der ihm eine sehr hohe Summe schuldete. Aber der sah sich außerstande, seine Schuld zu begleichen. Als der König mit Nachdruck auf der Rückzahlung bestand, fiel der vor ihm nieder und bat ihn inständig, doch noch Geduld mit ihm zu haben. Das ging dem König so zu Herzen, dass er ihm sogar seine Schuld erließ.

Kurz darauf begegnete jener Mann, den der König so großherzig behandelt hatte, einem Bekannten, dem er auch einmal eine kleine Summe geliehen hatte und sagte: „Ich habe von dir noch Geld zu kriegen!" Als der nicht bezahlen wollte, wurde er handgreiflich und ließ ihn einkerkern.

Als das der König hörte, ließ er seinen Schuldner festnehmen und hart betrafen und zwar so lange bis er alles zurückgezahlt hatte.

Fazit: Gott will uns vergeben, aber er erwartet, dass wir auch unseren Mitmenschen vergeben. Siehe die zweite Bitte des Vaterunsers.

Soll man die bösen Menschen vertilgen?
Matthäus 13, 24-30 und 36-43

Ein Bauer ging auf seinen Acker und säte guten Weizensamen aus. Aber der Wind brachte auch Unkrautsamen, der ebenfalls aufging. Da kamen die Knechte zu dem Bauer und sagten: „Wir wollen das Unkraut ausreißen." Da sagte der Bauer: „Nein, ihr könntet ja den guten Weizen mit ausreißen. Lasst beides wachsen bis zur Ernte. Dann will ich die Trennung vornehmen. Ihr sollt das nicht tun."

Fazit: Ihr sollt dem Richterspruch Gottes nicht vorgreifen. Gott behält sich vor, wer zu ihm gehört und wer nicht.

Warum bleibt so wenig hängen, wenn die Menschen das Wort Gottes hören oder lesen.
Lukas 8, 4-15

Wenn ein Sämann (mit der Hand) seinen Samen auswirft, dann kann es sein, dass ein Teil auf den Weg fällt. Andere Körner fallen auf einen Fels und einige Samen fallen unter ein Dornengestrüpp. Diese Körner gehen nicht auf, weil sie entweder nicht in den Boden eindringen können oder zertreten oder von Vögeln aufgepickt werden. Nur dann, wenn sie auf guten Boden fallen, können sie wachsen und Frucht bringen.

Fazit: Suche die Stille, schalte ab und öffne dein Herz, wenn du dich mit Gottes Wort beschäftigst.

Gegen die religiöse Überheblichkeit

Lukas 18, 9-14

Zwei Menschen gingen in den Tempel um zu beten. Der eine, im feierlichen Ornat, betete: „Ich danke dir lieber Gott, dass ich nicht so schlecht bin wie die meisten Menschen, ich halte deine Gebote und tue alles, was die religiösen Gesetze vorschreiben. Jedenfalls bin ich froh, dass ich nicht so bin wie der da drüben."

„Der da drüben" gehörte dem verachteten Berufsstand der Zöllner an. Er wusste, dass er angefeindet würde, wenn er den Tempel betreten würde, aber er hatte das Bedürfnis, den Tempel zu besuchen. Er kannte nicht alle die Gebete, die man verrichten musste und vielleicht benahm er sich auch völlig daneben. Darum sagte er ganz einfach: „Gott, sei mir Sünder gnädig."

Jesus über den Zöllner: „Er ging gerechtfertigt nach Hause, nicht jener andere." „Denn wer sich selbst erhöht, der wird erniedrigt werden. Wer sich aber selbst erniedrigt, der wird erhöht werden."

Den Himmel kann ich mir nicht verdienen.

Matthäus 19, 27-30 und 20, 1-16

Ein Weingutsbesitzer suchte Arbeiter. Sie arbeiteten für einen Tagelohn von einem Groschen. Einige arbeiteten sechs Stunden, andere nur vier oder vielleicht nur zwei Stunden. Alle bekamen nur einen Groschen. „Ungerecht!", schrien die ersten. „Ausbeutung!", schrien die anderen. Aber der Weinbergsbesitzer ließ sich nicht aus der Ruhe bringen. Jeder bekam das Gleiche.

Fazit: Es gibt kein Himmelreich der ersten, zweiten oder dritten Klasse. Es gibt eben nur das eine Himmelreich und den Zugang kann sich der Mensch nicht verdienen mit noch so vielen guten Taten, sondern es ist Gnade, wenn mir der Zugang dazu gewährt wird. Und Gnade ist keine Münze.

Ausgerechnet der Samariter

Lukas 10, 25-37

Ein betuchter jüdischer Kaufmann reiste von Jerusalem hinunter nach Jericho. Die Straße ist ungewöhnlich steil. Sie schlängelt sich in unzähligen Windungen durch das wüstenartige unwirtliche Gebirge. Rechts und links des Weges erheben sich hohe zackige Felsformationen und ab und zu zweigen enge Seitentäler ab. Hier gibt es keine menschliche Siedlung. Nur wilde Hunde und Schakale streunen durch die Landschaft und Straßenräuber. Nur in einer Gruppe ist man einigermaßen vor Überfällen sicher. Alleine geht man sowieso nicht diesen Weg. Doch der Kaufmann wagte es. Das war Leichtsinn, wie sich bald herausstellte. Denn er wurde ausgeraubt und verletzt am Wegrand zurückgelassen. Es war früh am Morgen. Wenn er nicht bald gefunden würde, würde er bei steigender Hitze verdursten, dazu kamen seine Verletzungen, die stark bluteten.

Wider Erwarten kamen doch einige Leute vorbei. Zunächst ein Priester, der ihn wohl sah, aber so tat, als hätte er ihn nicht gesehen. Liebe deinen Nächsten wie dich selbst, er hatte es oft genug gepredigt, aber er dachte: Man kann doch nicht immer helfen. Dringende Amtsgeschäfte müssen doch ab und zu mal vorgehen.

Bald danach kam ein Levit des Weges. Leviten waren Tempeldiener und meist für die musikalische Umrahmung der Gottesdienste verantwortlich. Gewiss sah er den Verletzten. Aber helfen wollte er ebenso wenig, vielleicht weil er Angst hatte, in einen Hinterhalt zu geraten.

Zuletzt kam ein Mann aus Samaria, eben ein Samaritaner oder Samariter. Das war doch das von den Juden gemiedene Volk, deren Männer heidnische Frauen geheiratet hatten und die es gewagt hatten, einen eigenen Tempel auf dem Berge Garizim zu bauen. Kein Jude hätte ihr Territorium betreten – aus Verachtung.

Aber ausgerechnet der half. Er ging zu ihm, verband seine Wunden, hob ihn auf sein Maultier, brachte ihn mit viel Mühe bis Jericho und sorgte dafür, dass er dort in einem Hause weiter gepflegt wurde.

Am Ende fragt Jesus die Zuhörer: Wer hat denn dem, der unter die Räuber gefallen ist, Nächstenliebe erwiesen. Einer antwortete zögernd: Der Samariter. Und Jesus antwortete: „Ja, so gehe du hin und tue du das Gleiche."

Und was nützen dir jetzt dein großer Besitz und das viele Geld?
Lukas 12, 16-21

Ein Bauer wurde durch sehr gute Ernten ein reicher Mann. Also baute er immer größere Scheunen, legte seinen Verdienst gut an und dachte bei sich: „Liebe Seele, du kannst nun in aller Ruhe gut leben." Doch offensichtlich hatte er sich gesundheitlich übernommen. Bald danach starb er.

Das Fazit Jesu: „So geht es dem, der sich Schätze sammelt und ist nicht reich bei Gott." Reich sein bei Gott heißt: Reich an Glauben, reich an Hoffnung und reich an Liebe zu sein.

Denn ihr wisset weder Zeit noch Stunde.
Matthäus 25, 1-13

Wenn wir im Vaterunser beten: Dein Reich komme, dann glauben wir, dass Gott sein Reich einmal aufrichten wird. Damit verbindet sich die Hoffnung, dass Jesus wiederkommen wird, aber diesmal nicht in Armut und Niedrigkeit, sondern in Herrlichkeit. Darauf zielt das folgende Gleichnis.

Es waren einmal zehn Jungfrauen, die warteten auf ihren Bräutigam. Alle nahmen ihre Lampen mit. Fünf waren klug und nahmen Öl für ihre Lampen mit. Fünf waren töricht und vergaßen das Öl. Sie warteten und warteten, aber der Bräutigam kam nicht. Da schliefen alle ein. Als er doch mitten in der Nacht kam, konnten die Klugen ihre Lampen entzünden, aber die Törichten standen im Dunkel.

Jesus: „Darum, wachet! Denn ihr wisst nicht, wann der Herr kommen wird."

Jesus der Helfer und Wundertäter

Die Wunder, die Jesus vollbrachte, waren für ihn wesentlich und wichtig. Sie dienten keineswegs der Selbstdarstellung, um vielleicht mehr Aufmerksamkeit und Bewunderung auf sich zu lenken, sondern sie waren für ihn punktuell die Vorwegnahme des kommenden Gottesreiches und zugleich die Beweise seiner göttlichen Sendung.

Um diese öffentliche Bewunderung auszuschließen, sprach Jesus immer wieder die Bitte aus, diese Taten nicht über den Kreis der Beteiligten hinaus öffentlich werden zu lassen. Darum redete Jesus selbst nie von Wundern, sondern von Zeichen.

Warum er diese „Zeichen" tat, entnehmen wir seiner Antwort an Johannes den Täufer, der wissen wollte, ob er wirklich der vorausgesagte Messias sei.

Johannes saß inzwischen im Gefängnis auf der Festung Machärus am Toten Meer, in das ihn einer der Söhne des verstorbenen Herodes hatte bringen lassen. Herodes hatte zuletzt bestimmt, dass sein Reich unter seine drei verbliebenen Söhne aufgeteilt werden sollte. Galiläa und das Jordantal gehörten zum Herrschaftsbereich von Herodes Antipas. Der hatte auf einer Reise nach Rom die Geliebte seines Bruders Herodes Philippus kennen und lieben gelernt und dafür seine Ehefrau, die Tochter des Nabatäerkönigs Aretas, verstoßen. Das nahm Johannes der Täufer zum Anlass, die Sittenlosigkeit seines Landesherrn anzuprangern. Herodes Antipas hätte das noch ertragen, aber seine Geliebte, mit Namen Herodias, war darüber höchst erbost. Sie bestand darauf, Johannes verhaften zu lassen, aber umbringen wollte Herodes Antipas ihn nicht.

Auf der Festung Machärus konnte sich Johannes frei bewegen, auch der Kontakt zur Außenwelt war möglich. So konnte Johannes das erste Wirken Jesu verfolgen. Doch sicher war er sich nicht, ob Jesus wirklich der verheißene Messias war und deshalb schickte er zwei Boten zu Jesus und ließ ihn fragen: „Bist du es, der da kommen soll, oder müssen wir noch auf einen anderen warten." Und Jesus antwortete: „Gehet hin und berichtet dem Johannes was ihr hört und seht. Blinde sehen, Lahme gehen, Aussätzige werden rein, Taube hören, Tote stehen auf und den Armen wird das Evangelium gepredigt und selig ist, wer sich nicht an mir ärgert." (Matthäus 11, 5+6) Damit stellte Jesus klar, dass er der Heilsbringer ist, der dem Volk schon von den Propheten verheißen war.

Bald danach musste Johannes doch sterben. Herodias hatte eine Tochter Salome, die dem Herodes Antipas sehr gefiel. Auf einem Fest war er von den Tanzkünsten Salomes so beeindruckt, dass er ihr anbot: „Du darfst einen Wunsch aussprechen und alles, was du von mir erbittest, werde ich dir erfüllen." Sie beriet sich mit ihrer Mutter und beide forderten den Kopf des Johannes. Schweren Herzens folgte Herodes Antipas der Bitte.

So endete das Leben Johannes des Täufers. Doch er starb in der Gewissheit, dass Jesus der von den Propheten Verheißene war. Seine „Zeichen" waren für ihn die Bestätigung dafür.

Die Wundertaten Jesu waren also Vorzeichen des Reiches Gottes. Und in den Zeichen sollte sichtbar werden lassen, dass Gott Macht hat, über alle Krankheiten, über die Dämonen, über die Naturgewalten, ja selbst über den Tod.

Das Reich Gottes war eine Erwartung, von der die Propheten immer wieder sprachen. Nun sollten diese Zeichen die Gewissheit, dass dieses Reich kommen werde, stärken.

Gewiss waren diese Wundertaten auch Ausdruck der Liebe Jesu zu den Menschen. Immer wieder heißt es, dass sich Jesus der leidenden Menschen erbarmte, dass er sich zu den Kranken herabbeugte und sie von ihren Krankheiten befreite. Oft heilte er Aussätzige, die aus Angst vor Ansteckung in der Wüste, fern von Dörfern und Städten, ein armseliges Leben führen mussten. Als Geheilte konnten sie dann wieder in die menschliche Gesellschaft integriert werden.

Oder er nahm eine Blindenheilung zum Anlass, um den Menschen die Augen zu öffnen und ihnen zu zeigen, dass wir eigentlich alle blind sind, blind für die geistige Welt Gottes, sogar blind, in ihm den Sohn Gottes zu erkennen.

Gelegentlich verband Jesus eine Krankenheilung auch mit der Vergebung. Er wollte die Menschen befreien von der Last der Schuld und der Last der Krankheit, denn oft verursacht eine seelische Last erst eine Krankheit. Und beides sind Hinweise, dass wir noch in einer gefallenen Welt leben, aber auf eine zukünftige Welt hoffen dürfen.

Mit einem anderen Wunder versuchte Jesus seinen Jüngern den Glauben zu erklären: Die Jünger steuerten ein Schiff über den sturmgepeitschten See Genezareth. Plötzlich erschien ihnen Jesus. Sie glaubten an ein Gespenst, aber Jesus sagte: „Seid getrost, ich bin's, fürchtet euch nicht!" Dann bat Jesus den Petrus, über das Wasser zu ihm zu kommen. Petrus tat es, aber im Herzen zweifelte er. Er hatte Angst. Also ging er unter. Als ihm das Wasser bis zum Hals stand, rief ihm Jesus zu: „Warum zweifelst du, ergreife nur meine Hand. Und Petrus wurde gerettet. (Matthäus 14, 22-33)

Eine doppelte Aussagekraft hat das Wunder der Brotvermehrung. Viele Menschen waren gekommen, um ihn zu hören. Es wurde Abend und die Zuhörer bekamen großen Hunger. Jetzt erhob sich die grundsätzliche, noch heute aktuelle Frage, wie man dem Hunger der Menschheit begegnen sollte. Zunächst bat Jesus, alles zusammenzusuchen, was noch an Essen vorhanden war. Es waren nur fünf Brote und zwei Fische. Jesus nahm diese Gaben, sah auf zum Himmel, dankte Gott, brach und teilte sie und gab sie weiter. Dieses **Nehmen, Aufsehen, Danken, Teilen und Weitergeben** ist der Schlüssel zum Umgang der Menschen mit den Gaben Gottes. Das heißt: Ich darf die Gaben Gottes annehmen, dann sollte ich aufsehen und mir dessen bewusst sein, von wem sie kommen, dann folgt der Dank dafür, dass ich an diesen Gaben Anteil haben darf. Und jetzt kommt der entscheidende Schritt: Ich darf diese Gabe Gottes nicht nur für mich behalten, sondern ich muss sie teilen und an andere weitergeben. (Markus 6, 30 ff.) Weiterhin ist diese Geschichte schon ein Hinweis auf das letzte Abendmahl Jesu.

Manchmal ist auch der persönliche Glaube die Voraussetzung für eine Wundertat und zwar ungeachtet dessen, zu welchem Volk oder welcher Religion dieser Mensch gehört.

Eine Kanaaniterin, also eine Frau, die einem heidnischen Volk angehörte, bat Jesus inständig, ihre kranke Tochter zu heilen. Zunächst wies Jesus sie ab, aber sie ließ sich nicht abwimmeln und sie verstand es, Jesus von ihrem Glauben an ihn zu überzeugen. Da sagte Jesus: „Frau, dein Glaube ist groß, dir geschehe das, was du von mir erbittest." Und ihre Tochter wurde gesund zu derselben Stunde. (Matthäus 15, 21-28)

Jesus der Erlöser – der Gang zum Kreuz

Alle Evangelien berichten darüber, dass Jesus immer wieder mit seinen Jüngern darüber sprach, dass er einen gewaltsamen Tod erleiden werde. Er sprach davon, verspottet, misshandelt und getötet zu werden. Aber er hatte die Gewissheit, am dritten Tag nach seinem Tode wieder aufzuerstehen.

Doch seine Jünger wollten das nicht glauben. Sie verstanden seine Worte nicht.

Dann brach Jesus mit seinen Jüngern zum Passahfest nach Jerusalem auf. Alle Juden feiern das Passahfest in Erinnerung an den Auszug der Kinder Israels aus Ägypten und dazu ging man hinauf nach Jerusalem. So schlossen sich auch Jesus und seine zwölf Jünger dem Pilgerstrom an.

Was in den letzten Tagen des Lebens Jesu geschah, wird von den Evangelisten ausführlich beschrieben. Die älteste Schilderung des Markus berichtet, dass Jesus darauf bestand, das letzte Stück nach Jerusalem auf dem Rücken eines Esels zurückzulegen. Als er sich der Stadt näherte, erlebte Jesus einen geradezu königlichen Empfang. So etwas hatte er noch nie erlebt. Eine große Menschenmenge säumte den Weg und jubelte ihm zu. Viele legten ihre Kleider auf dem Weg aus und hieben Zweige von den Palmen, um ihm einen herzlichen Empfang zu bereiten. Waren das alles seine Anhänger? Nein.

Verräterisch war der Satz, den sie skandierten: „Hosianna! Gelobt sei der da kommt in dem Namen des Herrn. Gelobt sei das Reich unseres Vaters David, das da kommt! Hosianna in der Höhe!" (Markus 11, 9+10)

In der aufgeheizten Stimmung der vielen Festpilger wurde Jesus als neuer König David gefeiert. Er sollte das Volk der Juden endlich von dem Joch der römischen Besatzer befreien und wieder einen freien jüdischen Nationalstaat errichten.

Wenn man den Fortgang des Prozesses Jesu verstehen will, muss man den Jubel und die großen Hoffnungen des Volkes auf dieses irdische Reich beachten. Doch es hätte der begeisterten Menge auffallen müssen, dass Jesus diese Hosiannarufe nicht beachtete. Er hatte sich ja immer wieder von solchen Erwartungen distanziert. Es hätte auffallen müssen, dass Jesus auf einem Esel ritt. Und dies war nach dem Propheten Sacharja (9, 10) ein König, der arm und gerecht ist und den Streitbogen zerbricht.

Folgerichtig rief Jesus das Volk nicht zu den Waffen, sondern er ging in den Tempel. Dort trieb er die Händler und Geldwechsler aus dem Tempel und stieß die Tische der Geldwechsler und Taubenhändler um. Dies ist das erste und einzige Mal, dass Jesus Gewalt gegen Sachen anwendete. Dabei rief er: „Gottes Haus soll ein Bethaus heißen. Aber ihr habt eine Räuberhöhle daraus gemacht." (Markus 11, 17)

Das war seine Antwort auf die Hosiannarufe des Volkes!

Gewiss, die Kaufleute boten schon immer ihre Opfertiere feil und die Besucher tauschten schon immer fremde Währungen in das gebräuchliche Tempelgeld, um die Opfergaben zu kaufen oder die Tempelsteuer zu entrichten. Aber jetzt musste Jesus dieses öffentliche Zeichen setzen. Dabei wollte er nicht nur auf die Verquickung des Gottesdienstes mit dem Geldhandel oder auch auf das Gewinnstreben der Kaufleute im Tempel aufmerksam machen. Es ging ihm ums Grundsätzliche. Er hatte in seiner ersten Predigt die Menschen aufgerufen, Buße zu tun. Dies war jetzt sein letzter verzweifelter Versuch, aufzuzeigen, dass diese Buße konkrete Veränderungen meint. Buße tun heißt: Aufzuräumen, nicht nur jeder bei sich selbst, sondern auch im Tempel.

Und die Botschaft Jesu an die Pharisäer und Sadduzäer lautete: Wenn ihr die Welt verändern und die Römer vertreiben wollt, dann vertreibt und beseitigt zunächst einmal die Missstände unter euch.

Zweifellos hat dieses aufsehenerregende Ereignis die Fronten geklärt.

Bisher hatten die Römer öfter die Juden durch ihr Verhalten provoziert. Jetzt hatte Jesus, einer aus ihren Reihen, diese Unruhe verursacht. Jesus wollte ihnen den Spiegel vorhalten und die Verantwortlichen endlich zum Umdenken zwingen.

Doch der Hohe Rat der Juden war uneinsichtig und befürchtete zudem, dass der Jubel, mit dem Jesus in Jerusalem empfangen wurde, nun bald in Frust und Hass umschlagen würde. Also versuchten die Hohenpriester und Schriftgelehrten ihn loszuwerden. Denn für sie war dieser Jesus unberechenbar geworden. Sie fürchteten sich vor ihm, weil er den gesamten Tempelkult und ihre Autorität in Frage stellte. Zugleich wären weitere Unruhen ausgerechnet am Passahfest nicht auszuschließen gewesen, was wiederum die römischen Besatzer auf den Plan rufen konnte.

Dies war die letzte öffentliche Tat Jesu. Danach zog er sich in den Kreis seiner Jünger zurück und feierte mit ihnen das Passahmahl. Im Verlauf dieses Passahmahls sprach Jesus die folgenden denkwürdigen Worte:

„Und als sie aßen, nahm Jesus das Brot, dankte und brach's und gab es seinen Jüngern und sprach: ‚Nehmet, das ist mein Leib.'

Und er nahm den Kelch, dankte, gab ihnen den Kelch und sie tranken alle daraus. Und er sprach zu ihnen: ‚Das ist mein Blut des Bundes, das für viele vergossen wird.'"

Es ist tragisch, dass dieses Mahl, mit dem Jesus die Gemeinschaft mit seinen Jüngern stärken und festigen wollte, nun die Christenheit entzweit. Es wäre an der Zeit, diese, mit so viel theologischem Wissen und Kirchenlehren und Dogmen befrachteten Worte, wieder einmal für sich selbst sprechen zu lassen. Dabei möchte ich auf drei Fakten aufmerksam machen:

1. Jesus hat niemanden von diesem Mahl ausgeschlossen. Selbst Judas, der ihn später verriet, durfte mit ihm am Tisch sitzen. Es ist ein Mahl, mit dem Jesus die Gemeinschaft festigen, aber nicht entzweien wollte.

2. Bei der Beurteilung dieses letzten Abendmahles hat das Wort „ist" eine ganz entscheidende Bedeutung. Dabei wird meist übersehen, dass Jesus mit Sicherheit dieses „ist" nicht gesprochen hat. Denn Jesus sprach weder griechisch noch lateinisch. Jesus sprach aramäisch. Aber in der aramäischen und hebräischen Sprache gibt es das Wort „ist" nicht. Und der hebräische Urtext, der darüber Klarheit verschaffen könnte, ist seit dem Kirchenvater Hieronymus, der um 420 starb, verschollen. Wenn die Einsetzungsworte also schon eine Übersetzung sind, ist eine Entscheidung, wie diese Worte ursprünglich lauteten und wie sie gemeint waren, relativ schwierig zu fällen.

3. Zuletzt weist das letzte Abendmahl auf die endgültige Gemeinschaft Jesu mit seiner Gemeinde im Reiche Gottes hin. (Markus 14, 25)

Nach dem Mahl gingen sie in den Garten Gethsemane, der am Rande des Kidrontals liegt. Dort bat Jesus seine Jünger zurückzubleiben, während er mit Petrus, Jakobus und Johannes noch etwas weiter in den Garten ging. Lange hat er dann zu seinem himmlischen Vater gebetet und mit ihm gerungen, aber schließlich sein Leben in Gottes Hand gelegt mit den Worten: „**Abba, mein Vater, alles ist dir möglich. Nimm diesen Kelch von mir. Doch nicht was ich will, möge geschehen, sondern was du willst.**" (Markus 14, 36)

Bald danach erschien eine bewaffnete Einheit und nahm Jesus fest. Judas, einer aus seinem Jüngerkreis, hatte gegen Geld seinen Aufenthaltsort verraten und ihn mit einem Kuss identifiziert. Aus Angst, ebenfalls verhaftet zu werden, verließen die übrigen Jünger ihren Meister. Nur Petrus versuchte mit einem Schwert Jesus zu befreien, doch der Versuch schlug fehl. Er traf nicht den Kopf eines Soldaten, sondern das Ohr. Die Reaktion Jesu: „**Stecke dein Schwert an seinen Ort. Denn wer das Schwert nimmt, der soll durch's Schwert umkommen.**" (Matthäus 26, 52)

Danach wurde Jesus dem jüdischen Hohen Rat vorgestellt. Dies war die höchste Religionsbehörde der Juden, die über die Einhaltung der jüdischen Gesetze wachte. Den Ratsmitgliedern ging es um eine einzige Frage: „**Bist du der Christus, der Sohn Gottes?**" Dies wollte der Hohepriester wissen. Jesus bejahte die Frage.

„Christus" ist die griechische Übersetzung des aramäischen Wortes „meschicha" und bedeutet „der Gesalbte". Eigentlich wurde nur ein König gesalbt. Die Propheten übertrugen nun diese Bezeichnung auf den verheißenen Gesandten Gottes, den Messias.

Jesus hat den theologischen Anspruch des Messiastitels, der Gesandte Gottes zu sein, stets bejaht, aber den politischen Anspruch, der sich vor allem mit dem König David verband, immer abgelehnt. Da sich Jesus diesem politischen Anspruch entzog, empfand der Hohe Rat die Antwort Jesu als unzureichend, ja sogar als Gotteslästerung, worauf der Tod stand.

Da die Juden kein Todesurteil aussprechen durften, musste Jesus noch dem Prokurator Pontius Pilatus, dem römischen Statthalter, vorgeführt werden. Er hatte seinen Sitz in Caesarea und kam nur zu Amtsgeschäften nach Jerusalem.

Dass es wieder einen römischen Statthalter gab, hing mit Archelaos, dem ältesten Sohn Herodes des Großen zusammen, der laut dem Testament seines Vaters die Herrschaft über Judäa angetreten hatte, aber mit solcher Grausamkeit und Willkür herrschte, dass schon Kaiser Augustus nicht umhin konnte, ihn zu verbannen und im Jahr 6 n. Chr. einen römischen Prokurator nach Judäa zu schicken. Pontius Pilatus war als fünfter Prokurator im Jahr 26 n. Chr. nach Judäa gekommen.

Er stellte bei der Gegenüberstellung Jesus eine andere Frage: **„Bist du der Juden König?"** Denn den Königstitel konnte nur der römische Kaiser verleihen und jeder, der sich den Königstitel selbst gab, wurde hingerichtet. Jesus antwortete: „Du sagst es."

Eigentlich hatte Pontius Pilatus jetzt keine andere Wahl als ihn zu kreuzigen. Doch Jesus sagte (nach Johannes 18, 37): **„Ich bin ein König. Ich bin dazu geboren und in die Welt gekommen, dass ich die Wahrheit bezeugen soll. Wer aus der Wahrheit ist, der höret meine Stimme. Mein Reich ist nicht von dieser Welt."**

Offensichtlich schien Pilatus diese Worte Jesu zu akzeptieren. Er hielt Jesus nicht mehr für eine Bedrohung der römischen Macht. Also sah er auch keinen Anlass, ihn ans Kreuz zu schlagen, im Gegensatz zu dem Hohen Rat der Juden, der dies forderte.

Das Johannesevangelium gibt die Stimmung im Hohen Rat so wieder: „Was sollen wir tun? Dieser Mensch tut viele Zeichen. Lassen wir ihn weiter gewähren, dann werden alle an ihn glauben und dann kommen die Römer und nehmen uns Land und Leute." Und der Hohepriester Kaiphas fügte hinzu: „Es ist besser ein Mensch sterbe für das Volk, als dass das ganze Volk verderbe." (Johannes 11, 47 ff.)

Das heißt: Einerseits wollten sie einen politischen Messias, der den Kampf mit den Römern aufnahm, aber andererseits hatten sie große Angst vor den Römern. Trotzdem wollten sie diesen Jesus, der jede Gewalt ablehnte, loswerden. Dieser Jesus entsprach einfach nicht dem überkommenen Bild eines Messias.

Und die andere Seite: Der Römer Pontius Pilatus, der Jesus für unschuldig hielt, befürchtete, dass die Juden ihn beim Kaiser anschwärzen und die Hinrichtung Jesu erzwingen konnten, weil er behaupte, ein König zu sein. Zugleich befürchteten sowohl die Juden als auch Pontius Pilatus, dass ein Aufstand am Passahfest leicht außer Kontrolle geraten könne.

Pilatus wusste von Jesus nicht viel, außer dass er gelegentlich den Tempelkult kritisierte. Darum verstand er die ganze Aufregung um ihn eigentlich nicht. Um also die Kreuzigung Jesu doch noch zu verhindern, arrangierte er einen öffentlichen Schauprozess. Es war Tradition, anlässlich des Passahfestes einen Gefangenen zu begnadigen und diesmal überließ er es dem Volk, wer es sein sollte. Das Volk hatte die Wahl, zwischen dem Terroristen Barabbas und Jesus. Aber das aufgewiegelte enttäuschte Volk entschied sich für Barabbas, weil Jesus sie gegen die Römer im Stich ließ.

Daraufhin wusch Pontius Pilatus seine Hände in Unschuld und setzte das Urteil in Kraft.

Die Kreuzigung

Die Kreuzigung ist eine uralte grausame Art der Todesstrafe. „Erfunden" wurde sie von den Assyrern, die im 8. Jahrhundert v. Chr. diese Strafe erstmals anwendeten. Bei Kriegszügen wurden männliche Gefangene oder Verbrecher nackt „gepfählt", das heißt auf einem spitzen Pfahl aufgespießt. Später wurden sie an einen Querbalken genagelt. Diese Praxis setzte sich später im ganzen Orient durch. Die Römer übernahmen sie von den Karthagern.

Der „Sinn" dieser Todesstrafe lag zunächst darin, den stundenlangen Todeskampf als Abschreckung öffentlich vorzuführen.

Diese Hinrichtungsart hatte aber noch einen kultischen Hintergrund. Man wollte vermeiden, dass das Blut des Getöteten die heilige „Mutter Erde" entweihe. Zugleich glaubte man, dass das Blut, wenn es in die Erde eindringe, den Getöteten quasi wiederbelebe. Darum musste der Verurteilte nicht auf, sondern über der Erde sterben.

Einen Anklang an diese archaische Vorstellung finden wir noch in der Geschichte von Kain und Abel. Nachdem Kain seinen Bruder getötet hatte und Gott nach dem Verbleib Abels fragte, heißt es: „Das Blut deines Bruders schreit zu mir vom Ackerboden." (1. Mose 4, 10)

Nach den antiken Zeugnissen lautete das amtliche Todesurteil: „Ibis ad crucem" – du wirst das Kreuz besteigen. Übrigens durften römische Bürger nicht gekreuzigt werden. Es war vielmehr eine Methode der Römer, durch diese Hinrichtungen die unterjochten Völker in Ruhe und Gehorsam zu halten.

Wann Jesus gekreuzigt wurde, ist nicht sicher. Es gibt Berechnungen, die den 7. April 30 n. Chr. für wahrscheinlich halten. Jesus wäre dann etwa 37 Jahre alt gewesen.

Das Exekutionskommando bestand aus einem römischen Hauptmann und vier Legionären.

Zur Strafe gehörte, dass der Verurteilte den Querbalken des Kreuzes bis zum Richtplatz selbst tragen musste. Der senkrechte Pfahl wurde schon vorher aufgerichtet und fest im Erdreich verankert. Da Jesus unter der Last dieses Balkens zusammenbrach, zwangen die Soldaten einen Vorübergehenden, ihm diese Last abzunehmen.

Am Richtplatz angekommen, reichte man Jesus einen Becher Wein, der mit Myrrhe vermischt war, um dadurch die Schmerzen zu lindern. Aber er wies den Becher zurück.

Dann wurde nach antiken Berichten der Verurteilte entkleidet. Ob man Jesus ein Lendentuch nach jüdischem Brauch beließ, ist nicht sicher, aber wahrscheinlich.

Danach wurde er unterhalb der Handgelenke an das Querholz genagelt und dieses auf den senkrechten, bereits im Boden eingerammten Pfahl emporgehoben und daran befestigt. Nun wurden die Füße angenagelt. Damit der schwer herunterhängende Körper nicht aus den Nägeln riss, war am senkrechten Stamm ein so genannter Sitzpflock eingelassen, der den Körper stützen sollte. Es war die dritte Stunde am Tage, als das Martyrium begann.

Über dem Haupt des Gekreuzigten wurde die Schuldtafel befestigt. Darauf mussten nach römischem Recht drei Daten vermerkt werden: der Name, die Herkunft und die Schuld. Das Johannesevangelium gibt diese Beschriftung am exaktesten wieder:

JESUS – DER NAZORÄER – DER KÖNIG DER JUDEN

Damit dieser Text von allen verstanden werden konnte, wurde er in aramäischer, lateinischer und griechischer Sprache geschrieben.

Die Evangelisten überliefern verschiedene Worte Jesu am Kreuz. Unter anderem: „Eli, Eli, lama asaptani" – Mein Gott, mein Gott, warum hast du mich verlassen? (Matthäus 27, 46) oder „Vater vergib ihnen, denn sie wissen nicht, was sie tun." (Lukas 23, 34)

Neben ihm wurden noch zwei „Übeltäter" gekreuzigt. Während der eine sich abfällig über Jesus äußerte, bat der andere: „Gedenke an mich, wenn du in dein Reich kommst. Die Antwort Jesu: „Heute noch wirst du mit mir im Paradiese sein."

Kurz bevor er starb, rief Jesus laut: „Vater, ich befehle meinen Geist in deine Hände." Als er das gesagt hatte, verschied er. Es war die neunte Stunde am Tage, also 15 Uhr.

Markus zitiert den römischen Hauptmann, der dabeistand, mit den Worten: „Wahrlich, dieser Mensch ist Gottes Sohn gewesen." Bei Lukas sagt der Hauptmann: „Fürwahr, dieser ist ein frommer Mensch gewesen."

Lukas ergänzt noch, dass die Sonne ihren Schein verlor, der Vorhang im Tempel zerriss und der Fels, auf dem das Kreuz stand, durch ein Erdbeben sich spaltete.

Zur gleichen Zeit als Jesus starb, begann im Tempel die feierliche Liturgie zur Vorbereitung des Passahfestes. Vor den Augen des Hohepriesters wurde ein makelloses Opferlamm geschlachtet. Dann versammelten sich die Ältesten der 24 Priesterordnungen und es begann das Sühneritual des Passahrüsttages. Unzählige Opferlämmer wurden geschlachtet und Posaunen und Hornsignale verkündeten, dass sich Gott am Opferaltar mit seinem Volk versöhne und mit ihm Frieden schließe.

Draußen vor der Stadt aber starb das wahre Lamm Gottes, von seinem Volk nicht erkannt, von seinen Jüngern verlassen und nur von einigen Frauen beweint.

Nach dem übereinstimmenden Zeugnis der vier Evangelisten bemühte sich ein Mann mit Namen Josef von Arimatäa um die Bestattung Jesu. Er war sogar Mitglied des Hohen Rates, hatte aber bisher aus Angst seinen Glauben an Jesus verheimlicht. Doch jetzt ging er mutig zu Pontius Pilatus und bat ihn um den Leichnam des Hingerichteten. Der wunderte sich, dass er schon tot war und erkundigte sich bei dem Hauptmann, ob das stimme. Als der den Tod bestätigte, gab Pilatus den Toten frei.

Josef von Arimatäa nahm den Toten vom Kreuz und wickelte ihn in Leinwand ein. Dann legte er ihn in eine Grabeshöhle, die in einen Felsen gehauen war, und wälzte einen Stein vor die Tür des Grabes.

Warum musste Jesus sterben?

Am Kreuz scheiden sich die Geister. Wie konnte es geschehen, dass dieser Jesus, der Sohn Gottes, auf solch schmähliche Weise endete? Ist dieses Ende mit der Vorstellung eines allmächtigen Gottes zu vereinbaren? Ist dieser Tod nicht eine Niederlage und ein Zurückweichen vor den Mächten der Gewalt? Warum hat die Kraft Gottes, die Jesus zu solch großen Taten befähigte, diesen grausamen Tod nicht verhindert?

Viele Menschen suchen darauf eine Antwort.

Übrigens stand auch für den Propheten Mohammed diese Frage im Mittelpunkt, als er sich mit dem Leben Jesu beschäftigte. Und er fand eine einfache Erklärung um diesen Widerspruch aufzulösen. In Sure 4, 157 heißt es:

„Sie (die Juden) sagen: Wir haben Jesus Christus, den Sohn der Maria und Gesandten Gottes getötet. Aber in Wirklichkeit haben sie ihn gar nicht getötet und auch nicht gekreuzigt. Vielmehr erschien ihnen ein anderer ähnlich, so dass sie ihn mit Jesus verwechselten und ihn töteten."

Die Kreuzigung fand also statt, aber am Kreuz hing jemand, der ihm zum Verwechseln ähnlich sah, soweit Mohammed. Die Kreuzigung widersprach seinem Gottesbild total. Denn sein Gott ist so erhaben und so mächtig, dass er das nicht zugelassen hätte. Für den Moslem sind die alles übergreifende Allmacht Allahs einerseits, und die Ohnmacht und das Sterben seines Gesandten am Kreuz andererseits, unvereinbare Gegensätze.

Aber wer war dieser Jesus wirklich und warum musste er sterben?

Es war die Absicht Gottes, den wahren Menschen, den Menschen, den er sich vorgestellt hatte, als er die Schöpfung auf den Weg brachte, noch einmal Wirklichkeit werden zu lassen. In diesem Jesus sollte noch einmal der zweite Adam auf dieser Erde erscheinen. Nachdem der erste Adam Gott ungehorsam geworden war, sollte der Menschheit in diesem Jesus noch einmal der ursprüngliche, der von allem Bösen unbefleckte Mensch geschenkt werden, der dieses Menschsein in seiner ursprünglichen Klarheit und Unzerstörtheit zum Ausdruck brachte. Jesus war die Messlatte, an der sich alle anderen Menschen orientieren konnten. Die Idee Gottes, sich einen Menschen nach seinem Ebenbild zu erschaffen, wurde in diesem Jesus zum zweiten Mal verwirklicht und verleiblicht.

In dieser Grundvoraussetzung gründen alle Konflikte, die Jesus auszuhalten hatte und die mit seinem Leidensweg zu tun haben. Der „normale" Mensch sah sich plötzlich diesem „neuen" Menschen gegenüber. Und je länger Jesus unter den Menschen lebte, umso sichtbarer und erfahrbarer wurden die Gegensätze, umso unerbittlicher wurde die Gegnerschaft und umso zwangsläufiger wurde sein Weg zum Kreuz. Denn die Menschen empfanden schon die Existenz Jesu als Bedrohung, weil er ihnen den Spiegel vorhielt und ihnen durch sein „Anderssein" ein schlechtes Gewissen bereitete.

Bis jetzt war die Person des ersten Menschen Adam ein Phantom. Doch nun konnten sie ihm ins Angesicht blicken und hören, wie er redete und wie er ihre festgefügten religiösen Weltanschauungen in Frage stellte und einen neuen unverstellten Blick auf Gott gewährte.

Eigentlich ein Glücksfall, sollte man meinen, noch einmal die Erstausgabe des Menschen erleben zu dürfen, aber wenn dem Menschen bewusst wird, was aus ihm geworden ist, dann reagiert er gereizt und aggressiv. Er fühlt sich bloßgestellt und bedroht. Er fühlt seinen bisherigen Lebensstil in Frage gestellt. Wenn Jesus bei seinem ersten Auftreten die Zuhörer aufforderte: „Ändert euren Sinn, denn das Himmelreich ist nahe herbeigekommen", dann musste er bald erfahren, dass der Mensch sich eigentlich nicht ändern will. Und darin sind alle Menschen gleich.

Insofern ist es völlig unsinnig, die Schuld an dem Tode Jesu nur „den Juden" zuzuweisen und uns selbst mit der „Gnade der späten Geburt" herauszureden.

Was wäre eigentlich, wenn dieser Jesus mit seiner klaren, und gelegentlich radikalen Botschaft heute auftreten würde? Er würde nicht mehr gekreuzigt, aber vielleicht würde er gesteinigt, erschossen, gehängt oder er müsste lebenslang hinter den Mauern eines Gefängnisses oder einer Klinik sein Leben fristen. Alle diejenigen, die sich so leicht in ihren Reden und mit ihrem Handeln auf den Herrn Jesus berufen, sollten gelegentlich die Botschaft Jesu zur Kenntnis nehmen. Denn mit Sicherheit würde Jesus sehr bald mit den religiösen Vorschriften und Dogmen der Kirchen und anderer Religionsgemeinschaften sowie mit vielen weltlichen Gesetzen in heftigen Konflikt kommen und irgendwie würde man sich schon dieses Störenfriedes entledigen.

Genauso wie wir in Jesus den wahren Menschen erkennen, so vermittelte er uns auch ein neues Gottesbild. Da sein Leben in einer einzigartigen Übereinstimmung mit seinem himmlischen Vater verlief, bekam nun dieser ferne erhabene Gott durch diesen Jesus ein „Gesicht" und eine Stimme, denn das Denken, Reden und Handeln Jesu war absolut kongruent mit dem Denken, Reden und Handeln Gottes. Das bis dahin dunkle und geheimnisvolle Handeln Gottes wurde plötzlich transparent und klar. Jesus sagt selbst:

„Wer mich sieht (wie ich rede und handele), der sieht den himmlischen Vater." (Johannes 12, 45) Eigentlich verkündete er keine Lehre, sondern er selbst personifizierte in seiner Person diese „Lehre". **„Ich bin** der Weg und die Wahrheit und das Leben", sagt er im Johannesevangelium (14, 6). Und dieses Handeln war geprägt durch eine grenzenlose Liebe, die sich insbesondere denen zuwandte, die am Rande der Gesellschaft lebten, den Armen, Kranken und Ausgestoßenen. Auch dies war für die etablierte Gesellschaft völlig unvereinbar mit ihrer Vorstellung eines kommenden Messias.

Insofern steht Jesus in der Mitte zwischen Gott und dem Menschen und als solcher ist er der einzige Mittler, den es zwischen Gott und uns Menschen gibt.

Zuletzt ist es kein Zufall, dass Jesus starb, als der Hohepriester im Tempel das reine Opferlamm schlachtete. Er sah sich als das letzte Opferlamm, das für die Sünde der Menschen starb. Danach sollte das Töten von Tieren als Gott wohlgefälliges Opfer eigentlich der Vergangenheit angehören.

Er starb „für uns", das ist das übereinstimmende Zeugnis des Neuen Testaments. Und darum ging er in diese Tiefe der Verlassenheit, darum starb er zwischen zwei Verbrechern, um zu zeigen, dass dieser Gott gerade ganz unten bei uns ist. Auch den Allerverachtetsten und den Niedrigsten will er aufsuchen, auch in der Folter und im schrecklichen Kreuzestod den Menschen solidarisch sein und die Liebe gegen die Gewalt setzen.

Das Kreuz ist eigentlich kein Schmuckstück, sondern ein Zeichen grausamer Qual, aber gleichzeitig ein Zeichen des Heils

Wenn man die beiden Kreuzesbalken genau besieht, könnte man in diesen beiden sich kreuzenden Linien auch ein „Durchstreichen" erkennen. Durchgestrichen und gelöscht ist unsere Schuld, weil Jesus für uns gestorben ist.

Während der Koran sagt: „Jedem wird heimgezahlt, was er im Erdenleben getan hat" (Sure 39, 71), gibt es im christlichen Glauben Gnade und Vergebung – durch das Kreuz.

Die Auferstehung

Mit diesem Thema überschreiten wir eine imaginäre Grenze. Denn das Geschehen der Osternacht in Worte zu fassen, ist deshalb so schwierig, weil niemand dabei war und es folglich keine nachprüfbaren Fakten gibt. Außerdem kann das Faktum der Auferstehung nur sehr unzureichend mit unseren menschlichen Worten und Begriffen beschrieben werden, weil dieses Ereignis nicht in die Kategorien unseres Denkens und Verstehens hineinpassen will. Denken und beschreiben können wir nur Geschehnisse bis zur Grenze des Todes. Alles was dann folgt, ist eigentlich undenkbar und unerklärbar.

Aber das heißt nicht, dass es jenseits des Undenkbaren keine Realität mehr gäbe. Wenn also jemand sagt, dass er die Auferstehung Jesu nicht mit seinem Verstand begreifen kann, muss ich ihm zustimmen. Aber wenn er hinzufügt, dass für ihn die Auferstehung „unglaubhaft" sei, dann muss ich ihm als Christ widersprechen, weil die Auferstehung wohl unser Vorstellungsvermögen transzendiert, also überschreitet, aber den Zugang zur Transzendenz zugleich eröffnet.

Das heißt: Nur diejenigen werden mit der Auferstehung gar nichts anfangen können, für die es außer dieser irdischen Welt nichts mehr gibt oder geben kann. Ostern hat nichts mehr mit Wissen, sondern nur noch mit Glauben zu tun. Hier fängt eigentlich der Glaube erst an und ohne den „Osterglauben" ist ein Glaube nicht viel wert.

Die Ostergeschichte basiert auf dem Bericht von drei Frauen. Sie haben als erste die Botschaft vernommen, dass Jesus lebt und sie haben als erste diese Osterbotschaft weitergegeben. Frauen waren die ersten wirklichen Christen.

Die Männer, sprich die Jünger Jesu, hatten sich aus Enttäuschung inzwischen zurückgezogen, weil Jesus ihre Erwartungen nicht erfüllt hatte. Sie standen noch unter dem Schock der Kreuzigung.

Die drei Frauen dagegen, die zugesehen hatten, als Jesus gekreuzigt wurde, kannten auch den Ort, wohin Josef von Arimatäa den Leichnam gelegt hatte, der nach jüdischer Sitte noch gesalbt werden musste. Diesen letzten Dienst wollten sie dem toten Jesus noch erweisen. Der Tag nach der Kreuzigung war Sabbath. Erst am Abend konnten sie Vorbereitungen treffen. Schon sehr früh, kurz nach Sonnenaufgang, begaben sie sich zum Grab und „trugen bei sich wohlriechende Öle, die sie bereitet hatten." (Lukas 24, 1) Unterwegs bewegte sie nur eine Sorge: Wer wälzt uns den Stein von des Grabes Tür. Kaum hatten sie den Garten betreten, entdeckten sie, dass der Stein schon weggewälzt war. Sie begaben sich zu der Grabeshöhle und entdeckten mit Entsetzen, dass der Tote nicht mehr da war. Ihre erste Befürchtung war, dass er gestohlen worden sei.

Doch dann sahen sie in der Höhle einen strahlendweißen Engel. Der sagte zu ihnen: **„Ihr sucht Jesus von Nazareth, den Gekreuzigten. Er ist auferstanden, er ist nicht hier. Seht, da ist der Platz, wo sie ihn hingelegt hatten. Geht aber hin und sagt es den Jüngern, dass er vor euch hingehen wird nach Galiläa. Dort werdet ihr ihn sehen."** (Markus 16, 6+7) Markus schließt seinen Bericht mit den Worten: Und sie gingen hinaus und flohen von dem Grab. Denn Zittern und Entsetzen hatte sie ergriffen (Markus 16, 8).

Die Erscheinungen des Auferstandenen

Den Jüngern, die noch in Jerusalem weilten, berichteten die drei Frauen was sie erlebt hatten. Doch die Jünger schienen davon unbeeindruckt zu sein. Es spricht für die hohe Glaubwürdigkeit der Berichte, dass Lukas die Reaktion der Jünger so wiedergibt: „Und es erschienen ihnen diese Worte als wäre es Geschwätz und sie glaubten ihnen nicht." (Lukas 24, 11) Selbst Petrus, nachdem er zum Grab gelaufen und nur noch die Leinentücher entdeckt hatte, „ging davon und wunderte sich über das, was geschehen war." (Lukas 24, 12)

Also Furcht, Zittern und Entsetzen bei den Frauen und Skepsis bei den Männern.

Das leere Grab und die Stimme des Engels allein haben den Osterglauben offenbar nicht geweckt. Dazu bedurfte es noch der unzweideutigen Vergewisserung, dass dieser Jesus nicht tot war, sondern wirklich lebte. Es bedurfte der Begegnung mit dem lebendigen, auferstandenen Jesus.

Eindrucksvoll schildert dies die Emmausgeschichte (Lukas 24, 13 ff.). Sie berichtet von zwei Männern, die von Jerusalem nach Emmaus gingen. Sie gehörten nicht zum Jüngerkreis. Vielleicht waren es Sympathisanten Jesu. Sie unterhielten sich über das, was mit Jesus geschehen war und brachten noch einmal ihre ganze Enttäuschung zum Ausdruck, dass Jesus so anders war als sie es erhofft hatten.

Plötzlich gesellte sich ihnen ein Fremder hinzu und fragte sie, worüber sie sich unterhielten. Sie wussten nicht, wer es war. Einer der Männer antwortete: „Bist du der Einzige, der nicht weiß, was sich in den letzten Tagen in Jerusalem zugetragen hat?" Der Fremde tat so, als ob er es nicht wüsste. Der andere ereiferte sich: „Nun, das mit Jesus von Nazareth. Er war ein Prophet, mächtig in Taten und Worten vor Gott und allem Volk, und den haben die Oberen gekreuzigt. Wir aber hatten gehofft, er sei es, der Israel (aus der Hand seiner Feinde) erlösen werde." Und jetzt gäbe es das Gerücht, dass er lebe. Einige wären am Grab gewesen, hätten ihn aber nicht gesehen.

Daraufhin legte ihnen der Fremde die Schrift aus und meinte, da stehe doch eigentlich alles drin. Als sie in Emmaus angekommen waren, baten die zwei Männer den Fremden, noch bei ihnen zu bleiben und mit ihnen etwas zu essen. Der Fremde willigte ein und als sie zu Tisch saßen, nahm der Fremde das Brot, **„dankte, brach es, und gab es ihnen"**. Da wurden ihnen die Augen geöffnet und sie erkannten, dass es Jesus war. Doch im selbigen Augenblick verschwand er.

Sofort kehrten sie nach Jerusalem zurück, suchten die noch in der Stadt verbliebenen Jünger auf und berichteten ihr Erlebnis. Und jetzt fällt zum ersten Mal jener Satz, der in der Christenheit zum Synonym für das Ostergeschehen wurde: **„Der Herr ist wahrhaftig auferstanden."**

Diese Geschichte ist insofern so wichtig, als hier die Situation der späteren Christenheit vorweggenommen ist. Denn diese beiden Männer waren Menschen wie du und ich, die religiös interessiert waren, aber ein vorgefasstes Bild von Jesus und von Gott mit sich herumtrugen. Diese enttäuschten Erwartungen hatten bei den Juden immerhin ausgereicht, Jesus zu kreuzigen. Auch wir haben falsche Vorstellungen und Erwartungen von Gott und von Jesus und sie hindern uns daran, den Zugang zu einem lebendigen Glauben zu finden.

Es gibt nach dieser Geschichte nur einen Weg unseren Glauben zu korrigieren: Einmal, dass wir „die Schrift", das heißt das Wort Gottes hören oder lesen und zum anderen, dass wir in der Gemeinschaft mit anderen Gläubigen das Heilige Abendmahl nehmen. Das Wort und das Sakrament sind die konstitutiven Elemente des christlichen Glaubens.

Wie der Engel am Grab Jesu angekündigt hatte, erschien Jesus dann auch den Jüngern, die inzwischen alle in ihre Berufe nach Galiläa zurückgekehrt waren. Er erschien ihnen dreimal. Offensichtlich lag Jesus sehr viel daran, den Jüngern die absolute Gewissheit seiner Auferstehung zu vermitteln.

Das Besondere bei diesen Begegnungen mit seinen Jüngern bestand darin, dass sie ihn zunächst alle nicht erkannten und dass er dann, wenn sie ihn erkannt hatten, wie ein Geistwesen wieder verschwand.

Die bekannteste Geschichte ist der Fischzug am See Genezareth. Die Jünger fuhren bei Nacht auf den See, um zu fischen. Aber ihr Netz blieb leer. Als sie enttäuscht am Ufer anlegten, stand Jesus da, aber die Jünger erkannten ihn nicht. Er befahl ihnen, noch einmal herauszufahren. Inzwischen war es Tag geworden und die Jünger wussten, dass das eigentlich zwecklos war. Doch auf sein Geheiß taten sie es. „Da warfen sie das Netz aus und konnten es nicht mehr ziehen wegen der Menge der Fische... Und obwohl es so viele waren, zerriss doch das Netz nicht. Als sie an Land waren, nahm Jesus das Brot und die Fische und sie hielten ein Mahl. Erst jetzt erkannten sie Jesus (Johannes 21).

Bei Matthäus ist noch zu lesen, dass Jesus zuletzt seine Jünger in Galiläa auf einem Berg versammelte und ihnen den Missions- und Taufbefehl gab:

„Mir ist gegeben alle Gewalt im Himmel und auf Erden. Darum gehet hin und machet zu Jüngern alle Völker, taufet sie auf den Namen des Vaters und des Sohnes und des heiligen Geistes und lehret sie halten alles, was ich euch befohlen habe. Und siehe, ich bin bei euch alle Tage bis an der Welt Ende." (Matthäus 28, 18 ff.)

Der Evangelist Lukas fügt noch hinzu:

„Ihr werdet die Kraft des heiligen Geistes empfangen, der auf euch kommen wird und ihr werdet meine Zeugen sein in Jerusalem, in ganz Judäa und Samarien bis an das Ende der Erde." (Apostelgeschichte 1, 8)

Danach wurde Jesus von einer Wolke verdeckt und entschwand. Von da an ist Jesus sichtbar nicht mehr seinen Jüngern erschienen.

Das Pfingstfest und die Urgemeinde

Mittlerweile waren alle 12 Jünger wieder nach Jerusalem zurückgekehrt. Für Judas, der sich nach dem Verrat an Jesus erhängt hatte, war inzwischen Matthias als Nachfolger gewählt worden. Neben den Jüngern hatten sich noch die Brüder Jesu, die Mutter Maria und einige andere Frauen in einem Haus in Jerusalem versammelt.

Das Pfingstereignis selbst wird in der Apostelgeschichte des Lukas mit folgenden Worten beschrieben: „Da kam plötzlich vom Himmel her ein Brausen, wie wenn ein heftiger Sturm daherfährt und erfüllte das ganze Haus, in dem sie waren. Und es erschienen ihnen Zungen wie von Feuer, die sich verteilten. Auf jeden von ihnen ließ sich eine nieder. Alle wurden mit dem heiligen Geist erfüllt und sie begannen, in fremden Sprachen zu reden, wie es der Geist ihnen eingab." (Apostelgeschichte 2, 2-4)

Jetzt wurden alle zu „begeisterten" Zeugen des auferstandenen Jesus. Sie versteckten sich nicht mehr, sondern traten öffentlich auf und redeten ohne Furcht über das, was sie mit diesem Jesus erlebt hatten. Die Begeisterung der

Jünger wirkte auf die Zuhörer so ansteckend, dass bald die erste christliche Gemeinde in Jerusalem, die so genannte „Urgemeinde", entstand.

Offensichtlich waren sie sogar in der Lage, fremde Sprachen zu sprechen und sich so anderen Völkern gegenüber verständlich zu machen. Dies erinnert an die Geschichte vom Turmbau zu Babel, in der erzählt wird, dass sich die Menschen plötzlich nicht mehr verstanden, weil die Sprachen sie trennten.

Durch den Pfingstgeist sollte offensichtlich die Einheit des Menschenge-schlechtes wiederhergestellt werden. Das heißt: Dieser Pfingstgeist überwindet Grenzen und führt die Menschen wieder zusammen. Wer die Pfingstgeschich-te liest, der spürt, dass das Neue, das hier beginnt, unter dem Vorzeichen der Einheit steht. Dieser Geist, von dem alle beseelt waren, sollte die Menschheit unter einem Glauben einen. Doch die Voraussetzung der Einheit ist das Be-mühen, sich nur von diesem einen einigenden Gottesgeist leiten und regieren zu lassen.

Wenn wir die Kirchen aus heutiger Sicht betrachten, ist eher das Gegenteil eingetreten. Es ist nun müßig, beurteilen zu wollen, welche Kirche diesem Idealbild am nächsten kommt. Denn alle Kirchen haben sich nicht nur von diesem Pfingstgeist, sondern von vielen weltlichen Interessen leiten lassen.

Ich bin eher geneigt, mit Martin Luther von einer „unsichtbaren Kirche" zu reden, der alle die Menschen angehören, „die mit Ernst Christ sein wollen" – über die Grenzen aller Kirchen und Konfessionen hinweg. Es widerspricht dem Pfingstgeist, ihn nur auf eine Teilkirche beschränken zu wollen. Der Geist weht eben, wo und wann er will. Und er lässt sich nicht in feste unverrückbare Glaubenssätze und Dogmen einschließen, auf die man sich immer wieder zu-rückzuziehen versucht und die nur dazu dienen, gegenüber dem anderen zu behaupten, dass man Recht und der andere Unrecht hat. Insofern wider-spricht es dem Pfingstgeist, wenn eine Kirche beansprucht, dass nur sie Kirche sei, zumal das Kriterium der „Geistbeseeltheit" nur von Gott selbst und nicht von Menschen getroffen werden kann.

Eine vom Pfingstgeist geleitete Kirche ist eine Kirche, die sich immer wie-der in Frage stellen lässt, die offen ist für die Herausforderungen einer neuen Zeit und die den Mut hat, Kirche immer wieder neu zu definieren und die nur ein Ziel und eine Aufgabe kennt, die gute Botschaft der Bibel unter den Men-schen zu verbreiten.

Viele Kirchen beschäftigen sich überwiegend mit sich selbst und sind nicht fähig, Vergangenes mutig hinter sich zu lassen und neue Formen des „Kirche-Seins" zu erproben. Die Kirchen müssen ihre Stimme laut werden lassen, sowohl um den Menschen geistliche Orientierung und Wegweisung zu geben als auch bestimmte Fehlentwicklungen der Gesellschaft öffentlich zu benennen. Es geht Gott immer um den Menschen und um die Schöpfung. Und beides steht in Gefahr.

Keine Kirche wird diesen Kriterien gerecht, aber es ist notwendig, dass die Kirchen ihre Verantwortung für den Menschen und für die Schöpfung öffentlich wahrnehmen. Sie könnten sonst von Gott dafür zur Rechenschaft gezogen werden.

Natürlich kann man das Leben der Urgemeinde in Jerusalem nicht ohne weiteres auf die Gegenwart übertragen, aber es gab offensichtlich zwei Schwerpunkte: Sie pflegten nach innen ein intensives Gemeindeleben, das in der Apostelgeschichte so beschrieben wird: „Sie blieben beständig in der Lehre der Apostel und in der Gemeinschaft und im Brotbrechen und im Gebet." (Apostelgeschichte 2, 42) Aber nach außen riefen sie wie Johannes der Täufer und Jesus zur Buße auf.

Buße meint aber Sinnesänderung. Erst dann folgt die Taufe auf den Namen Jesu Christi, die Vergebung der Sünden und der Empfang des heiligen Geistes (Apostelgeschichte 2, 38).

Offensichtlich fand die Gemeinde „Wohlwollen beim ganzen Volk. So fügte der Herr täglich Menschen hinzu, die gerettet wurden". (Apostelgeschichte 2, 47)

Das Wachsen der christlichen Gemeinde in Jerusalem konnte nicht ohne Folgen bleiben. Es rief den Widerstand der Pharisäer und Schriftgelehrten auf den Plan. Sie hatten geglaubt, dass mit der Kreuzigung diese Jesusbewegung ihr Ende gefunden habe. Doch sie hatten die innere Kraft dieses Glaubens unterschätzt.

Als ersten traf es einen Mann mit Namen Stephanus. Gerade erst hatte die Gemeinde ihn beauftragt, Mahlzeiten an Arme in Jerusalem zu verteilen. Als er jedoch begann, öffentlich zu predigen, griff die jüdische Religionsbehörde ein. Und wieder war der Vorwurf, dass er gegen das jüdische Gesetz und den

Tempel gepredigt habe. Er wurde aus der Stadt getrieben und gesteinigt. Er war der erste christliche Märtyrer.

Diese Steinigung war der Anfang einer ersten Christenverfolgung. Die meisten Christen mussten fliehen, was zu einer noch rascheren Verbreitung des Glaubens führte.

In diesem Zusammenhang taucht zum ersten Mal ein Mann mit dem Namen Saulus auf. Er war zugegen, als Stephanus gesteinigt wurde und er beaufsichtigte die Hinrichtung. Es heißt dabei ausdrücklich: „Saulus hatte Gefallen an seinem Tode." (Apostelgeschichte 7, 61) Auch an der Vertreibung der Urgemeinde beteiligte er sich. Seine Rolle wird so beschrieben: „Saulus suchte die Gemeinde zu zerstören, ging von Haus zu Haus, schleppte Männer und Frauen fort und warf sie ins Gefängnis." (Apostelgeschichte 8, 3)

Der Völkerapostel Paulus

Vom menschlichen Standpunkt aus betrachtet ist es völlig unverständlich, dass sich der auferstandene Jesus Christus ausgerechnet diesen Saulus, der so etwas wie der Leiter des Staatssicherheitsdienstes der jüdischen Religionsbehörde in Jerusalem war, zum wichtigsten Mitarbeiter auserwählte. Ausgerechnet diesem erklärten Gegner und Feind des christlichen Glaubens die Hauptlast und die ganze Verantwortung für die Missionierung der damals bekannten Welt anzuvertrauen, ist noch heute eine undenkbare, groteske Vorstellung. Und doch geschah es so. Wahrscheinlich wollte Jesus zeigen, welch ungeheure, kaum vorstellbare Kraft diesem Christusglauben innewohnt. Es ist eine Kraft, die Menschen völlig verändern und innerlich umwandeln kann. Das sollte an diesem Saulus allen vor Augen geführt werden.

Wer war dieser Mann?

Er wurde als Sohn jüdischer Eltern in der Stadt Tarsus geboren. Tarsus liegt heute nahe der türkischen Mittelmeerküste zwischen den Städten Mersin und Adana. Von seinem Vater hatte er das römische Bürgerrecht geerbt. Darum nannte er sich sowohl Saulus als auch Paulus. Um ihn zum Rabbi ausbilden zu lassen, schickte ihn sein Vater nach Jerusalem. Dort erkannte man sehr schnell seine außerordentliche Begabung. So genoss er das Privileg, bei dem damals berühmten Pharisäer Gamaliel zu studieren. Er schloss sich der Bewegung der Pharisäer an und wurde bald Schriftgelehrter und Mitglied des Hohen Rates. Da alle Pharisäer daneben noch ein Handwerk erlernen mussten, ließ sich Paulus als Zeltweber ausbilden.

Weil er ein absolut überzeugter, ja geradezu fanatischer Pharisäer war, betraute man ihn mit der Aufgabe, die letzten Reste des christlichen Glaubens auszurotten. Als in Jerusalem bekannt wurde, dass viele Christen, die aus Jerusalem geflohen waren, sich in Damaskus niedergelassen hatten, beauftragte ihn der Hohepriester, diesem christlichen Treiben dort ein Ende zu setzen. Er sollte alle „Anhänger dieses neuen Weges" festsetzen und gefesselt nach Jerusalem bringen.

Doch es kam alles ganz anders.

Lukas berichtet im 9. Kapitel der Apostelgeschichte über die Bekehrung des Paulus: „Als er aber auf dem Wege war und in die Nähe von Damaskus kam, umleuchtete ihn plötzlich ein Licht vom Himmel, und er fiel auf die Erde und hörte eine Stimme: Saul, Saul, was verfolgst du mich? Paulus aber sprach: Herr, wer bist du? Der sprach: Ich bin Jesus, den du verfolgst. Steh auf und gehe in die Stadt, da wird man dir sagen, was du tun sollst. Die Männer aber, die seine Gefährten waren, standen sprachlos da, denn sie hörten zwar die Stimme, aber sahen niemanden. Dann richtete sich Paulus auf von der Erde und als er seine Augen aufschlug, sah er nichts. Sie nahmen ihn aber bei der Hand und führten ihn nach Damaskus. Und er konnte drei Tage nicht sehen und aß und trank nicht." (Apostelgeschichte 9, 3-9)

Inzwischen war Jesus einem Mann in Damaskus erschienen, der ein eifriger Bekenner Jesu war. Er hieß Hananias. Dem befahl er, zu einem Saulus aus Tarsus zu gehen, der sich in einem Haus in der „Geraden Straße" aufhalte. Hananias weigerte sich zunächst, weil er so viel Schlimmes über ihn gehört hatte. Doch Jesus sprach zu ihm: „Geh nur hin. Denn dieser ist mein auserwähltes Werkzeug, der meinen Namen vor Heiden und vor Könige und vor das Volk Israel tragen soll. (Apostelgeschichte 9, 15 f.) Daraufhin ging Hananias zu ihm, legte ihm die Hände auf und sprach: „Lieber Bruder Saul, der Herr hat mich gesandt, Jesus, der dir auf dem Wege hierher erschienen ist, dass du wieder sehend und mit dem heiligen Geist erfüllt werdest. Und sogleich fiel es wie Schuppen von seinen Augen und er wurde wieder sehend und stand auf und ließ sich taufen und nahm Speise zu sich und stärkte sich." (Apostelgeschichte 9, 17-19)

Diese erstaunliche Bekehrung beunruhigte natürlich die Juden. Sie wussten, warum Saulus nach Damaskus geschickt worden war und sie stellten ihm nach. Nur durch eine waghalsige Flucht in einem Korb, den man bei Nacht an der Stadtmauer herabließ, konnte er entkommen. Übrigens gibt es noch heute in der Altstadt von Damaskus die „Gerade Straße", die in der Apostelgeschichte 9, 11 erwähnt ist.

Die nächsten 14 Jahre verbrachte Paulus in der Zurückgezogenheit. Wir wissen nur von einem kurzen Aufenthalt in Jerusalem, wo er einige Jünger Jesu traf, die sich allerdings mehr vor ihm fürchteten, statt ihm zu vertrauen. Daraufhin zog er sich als Einsiedler in die arabische Wüste zurück, studierte, betete und beschäftigte sich so lange mit diesem neuen Glauben, bis er sich ganz sicher war, mit welcher Botschaft er in die Welt hinausziehen sollte. Dann besuchte er noch einmal Jerusalem, wo ihm von den Jüngern ein etwas freundlicherer Empfang bereitet wurde. Zuletzt verbrachte er noch eine längere Zeit in seiner Heimatstadt Tarsus.

Seine aktive Zeit begann, als Barnabas, ein Christ aus Antiochien, ihn aufsuchte und ihn bat, nach dort zu kommen. Antiochien, das heutige türkische Antakya, hatte eine große christliche Gemeinde. Hier wurden diejenigen, die Jesus nachfolgten, zum ersten Mal „Christen" genannt. Die Stadt wurde bald zum Ausgangspunkt für die Missionsreisen des Paulus.

Auf seiner ersten Reise schiffte sich Paulus, zusammen mit Barnabas nach Zypern ein. Sie durchquerten die Insel von Salamis bis Paphos, setzten dann über zur Küste Kleinasiens und besuchten die Städte Antalya, Perge, Antiochien in Pisidien, Ikonion (das heutige Konia), Lystra und Derbe. An allen Orten gelang es ihnen, christliche Gemeinden zu gründen. Dann kehrten sie wieder nach Antiochien zurück.

Kurz danach muss es dort zu einer Auseinandersetzung über den künftigen Status dieser neuen Gemeinden gekommen sein. Bis jetzt begriff man sich trotz aller Anfeindungen immer noch als Teil der jüdischen Gemeinde. Man hielt das Gesetz und achtete den Tempelkult. Die Frage war nur: Muss ein Heide erst Jude werden, wenn er Christ werden will? Das heißt, ist die Anerkennung und Erfüllung der jüdischen Gesetzesvorschriften die Vorbedingung für das Christ-Sein? Paulus widersprach. Um diese für ihn sehr wichtige Frage zu klären, wurde das so genannte Apostelkonzil 48 n. Chr. nach Jerusalem einberufen. Dort trafen sich die Apostel mit Paulus und einigen seiner Mitarbeiter. Als Ergebnis einigte man sich auf die Position des Paulus. Außerdem wurde ihm die Würde eines Apostels zuerkannt.

Bald danach brach Paulus zu seiner zweiten Missionsreise auf, allerdings nicht mit Barnabas, sondern mit Silas. Sie führte wieder durch Kleinasien. Zunächst besuchte er seine Heimatstadt Tarsus. Dann reiste er weiter zu den Gemeinden, die er bei seiner ersten Reise gegründet hatte und stärkte sie im Glauben. Doch danach war er unsicher, wohin er als nächstes reisen sollte.

Schließlich kam er in die an der Westküste Kleinasiens gelegene Stadt Troas. Dort hatte Paulus einen Traum. Es erschien ihm ein Mann aus Mazedonien, der bat ihn: „Komm herüber und hilf uns." Dies war für ihn der Wink Gottes. Bald darauf schiffte er sich mit Silas nach Mazedonien ein und brachte die Botschaft Jesu nach Europa. Als erste größere Stadt erreichten sie Philippi, die von dem Vater Alexander des Großen gegründet worden war. Doch der Empfang in Europa war alles andere als freundlich. Die Stadtrichter ließen sie mit Stöcken schlagen und einkerkern. Nur durch ein Wunder kamen sie frei. Über Thessaloniki erreichten sie danach die berühmte Stadt Athen, wo es unzählige Philosophen gab, die ihre Lehren auf Plätzen und Märkten verbreiteten. In die Zahl der Wanderprediger reihte sich Paulus ein und verkündigte auf dem Areopag das Evangelium von Jesus. Dabei knüpfte er geschickt an das an, was er sah. Er sprach: „Ich bin umhergegangen und habe eure Heiligtümer angesehen und fand einen Altar, auf dem stand geschrieben: Dem unbekannten Gott. Und nun will ich euch den Gott verkündigen, den ihr unwissend verehrt". (Apostelgeschichte 17, 23) Zunächst hörten die Athener aufmerksam zu, aber als er anfing von der Auferstehung Jesu zu reden, da war ihre Geduld am Ende. Sie wollten ihn nicht weiter hören. Als nächste Stadt erreichte er Korinth. Paulus blieb ein Jahr und sechs Monate dort und fand eine bessere Resonanz auf seine Predigt. Dann trat er die Heimreise an und kam über Ephesus, wo er sich kurze Zeit aufhielt, nach Caesarea. Über Jerusalem erreichte er dann wieder seine Heimatgemeinde Antiochien.

Der Ertrag dieser Reise war beachtlich. In fast allen Orten, in denen er gepredigt hatte, bildeten sich kleine christliche Gemeinden. Unter den Christen waren viele Frauen. Sie hatten in der griechischen Gesellschaft einen höheren gesellschaftlichen Rang als in den orientalisch geprägten Gemeinden Palästinas. Sie konnten mit ihren Männern in die Synagogen gehen und dort Paulus hören.

Kurze Zeit später brach Paulus zur dritten Missionsreise auf. Über Tarsus und Ikonion (Konia) erreichte er die berühmte Hafenstadt Ephesus. In über zweijähriger Arbeit baute er dort eine große Gemeinde auf. Am Ende seines Aufenthaltes konnte er sagen: „So breitete sich das Wort aus durch die Kraft des Herrn und wurde mächtig". (Apostelgeschichte 19, 20)

Kurz vor seiner Abreise gab es noch einen beängstigenden Zwischenfall. Ein Goldschmied mit Namen Demetrius organisierte einen Aufstand gegen Paulus, weil der gepredigt hatte, dass die berühmte Diana, die in einem großartigen Tempel in Ephesus verehrt wurde, gar keine Göttin sei. Das war für die Goldschmiede geschäftsschädigend. Also liefen sie durch die Stadt und riefen: „Groß ist die Diana der Epheser!" Dabei schleppten sie zwei Gefährten des Paulus zum Theater. Eine große Menge schreiender Menschen erfüllte bald das Halbrund des Theaters. Als sich Paulus auf den Weg machen wollte, um im Theater mutig seinen Glauben zu verteidigen, verhinderten das einige seiner Freunde, weil sie befürchteten, dass er dort gelyncht werden könnte.

Darum reiste er schnell ab und gelangte an der Küste entlang nach Troas, kehrte aber bald wieder um, weil er sich von den Ältesten der Gemeinde in Ephesus noch verabschieden wollte, wohl ahnend, dass dies ein endgültiger Abschied sein würde. Um nicht wieder einen Aufstand zu provozieren, hielt er seine Abschiedsrede allerdings nicht in Ephesus, sondern in dem benachbarten Milet, wohin die Christen aus Ephesus gekommen waren. Danach begab er sich mit dem Schiff nach Caesarea und weiter nach Jerusalem.

Paulus wird verhaftet und nach Rom gebracht

Inzwischen hatten sich in Jerusalem seine Gegner versammelt. Paulus war gewarnt worden, dorthin zu gehen, aber er bestand darauf. Zunächst passierte gar nichts. Erst als er den Tempel in Jerusalem besuchte und damit den Juden beweisen wollte, dass er das Gesetz hielt und weiter den jüdischen Glauben achtete, brach der Sturm gegen ihn los.

Die Juden empfanden seine Gegenwart im Tempel als Provokation. Er wurde erkannt und aus dem Tempel gejagt. Daraufhin entstand ein großes Getümmel und die Menge schrie: „Dies ist der Mensch, der an allen Enden der Welt seine Lehre gegen unser Volk, gegen das Gesetz und gegen diese Stätte verbreitet." (Apostelgeschichte 21, 28) Die Tempelpolizei nahm ihn fest und schlug auf ihn ein. Als einem römischen Oberst dieses Treiben zu Ohren kam, nahm er Paulus in seinen Gewahrsam und räumte ihm sogar die Möglichkeit ein, sich vor der Menge zu verteidigen. Doch das Volk beruhigte sich nicht. Daraufhin brachte er ihn in die Burg Antonia, um ihn dort einem „scharfen Verhör" zu unterziehen. Das heißt: Der Römer wollte durch Folter erfahren, warum das Volk gegen Paulus so aufgebracht war. Nachdem man ihn gefesselt hatte, rief Paulus einem Hauptmann zu: „Ist es eigentlich erlaubt, einen römischen Bürger ohne Urteil zu foltern?" Dieser Einwand veränderte die Situation schlagartig. Er wurde sofort losgebunden und als römischer Bürger behandelt. Trotzdem wollte der Oberst erfahren, warum Paulus von den Juden verklagt wurde und stellte ihn dem Hohen Rat vor. Doch auch diese Begegnung endete im Tumult. Als schließlich ein Mordanschlag gegen Paulus bekannt wurde, brachte man ihn nach Caesarea in Sicherheit. Dort übernahm der römische Statthalter Felix den Fall. Wieder wurden der Hohepriester und einige Älteste befragt, diesmal in Caesarea, und sie begründeten ihre Anklage mit den Worten: „Wir haben erkannt, dass dieser Mann schädlich ist und dass er Aufruhr erregt unter allen Juden auf dem ganzen Erdkreis und dass er ein Anführer der Sekte der Nazarener ist. Er hat auch versucht, den Tempel zu entweihen. Dabei haben wir ihn ergriffen." (Apostelgeschichte 24, 5+6) Doch für Felix war diese Anklage nicht ausreichend, um ihn zu verurteilen. Er entließ ihn aus dem Gefängnis und stellte ihn unter Hausarrest.

So schleppte sich der Prozess hin. Nach zwei Jahren wurde Felix abberufen und durch den Statthalter Porzius Festus ersetzt. Bei seinem Antrittsbesuch in Jerusalem bat ihn der Hohepriester inständig, Paulus den jüdischen Behörden auszuliefern. Festus zögerte und besprach sich nach seiner Rückkehr mit Paulus. Der aber lehnte eine Überstellung ab und berief sich jetzt als römischer Bürger auf den Kaiser. Darauf sagte Festus: Auf den Kaiser hast du dich berufen, zum Kaiser sollst du ziehen." (Apostelgeschichte 25, 12) Um ganz sicher zu gehen, legte Festus den Fall noch dem König Agrippa vor. Agrippa, ein Enkel Herodes des Großen, diente den Römern als „Vertrauensmann für Angelegenheiten des Jerusalemer Tempels". Für seine vertraulichen Informationen hatte man ihn sogar mit dem Königstitel belohnt, obwohl er nur ein ganz kleines Gebiet nördlich des Sees Genezareth regieren durfte. Festus begründete seine Bitte an ihn mit den Worten: „Sie (die Juden) hatten Streit mit ihm über einige Fragen ihres Glaubens und über einen verstorbenen Jesus, von dem Paulus behaupte, er lebe." (Apostelgeschichte 25, 19)

Es gab noch einen anderen Grund, Agrippa um eine Stellungnahme zu bitten. Festus brauchte Argumente für eine Anklageschrift, die er für den Kaiser erstellen musste. Dazu wurde ein Gespräch anberaumt, das in der Apostelgeschichte überliefert ist. Eine Bemerkung des Agrippa ist dabei von besonderem Interesse. Offensichtlich war er von der Argumentation des Paulus so beeindruckt, dass er zugab: „Es fehlt nicht viel, so wirst du mich noch überreden und einen Christen aus mir machen." (Apostelgeschichte 26, 28)

Danach kam er zu folgendem Urteil: „ Dieser Mensch hat nichts getan, was Tod oder Gefängnis verdient hätte. Er könnte freigelassen werden, wenn er sich nicht auf den Kaiser berufen hätte." (Apostelgeschichte 28, 31 f.)

Das war wohl auch der Inhalt des Briefes, den Festus dem Kaiser zusandte. Sowohl Festus als auch Agrippa befürworteten schließlich, Paulus nach Rom zu bringen.

Wahrscheinlich begann die Überfahrt nach Rom im Herbst 60 n. Chr. Ein junger römischer Hauptmann wurde Paulus als Bewachung beigegeben, der jedoch seinem Gefangenen alle Freiheiten gab. So konnte Paulus in Sidon, wo das Schiff einige Tage blieb, sogar die christliche Gemeinde besuchen. Über Zypern erreichte man die Stadt Myra in Kleinasien. Dort mussten die Passagiere auf ein anderes Schiff umsteigen. Paulus, durch seine vielen Reisen nicht ganz unerfahren in der Schifffahrt, warnte wegen der bald einsetzenden Herbststürme, die Fahrt fortzusetzen. Doch der Schiffsführer wischte die Bedenken beiseite und gab den Befehl, die Anker zu lichten. Wie von Paulus befürchtet, wurde das Schiff bald von solch heftigen Stürmen heimgesucht, dass das Schiff wegen der hohen Wellen nicht mehr zu steuern war.

Als es zu sinken drohte, warf man die gesamte Ladung über Bord und hoffte, an einer Küste irgendwo zu stranden. Deprimiert und resigniert ergaben sich alle in ihr Schicksal. Allein Paulus sprach den Mitreisenden Mut zu. Endlich lief das Schiff auf eine Sandbank auf, wobei das Hinterschiff durch die Gewalt der Wellen zerbrach. Wer schwimmen konnte, sprang ins Meer, die restlichen ließen sich auf Schiffsplanken ans Ufer spülen. Die Schiffbrüchigen erreichten die Insel Malta.

Es lohnt sich, die Beschreibung der dramatischen Überfahrt in der Apostelgeschichte Kapitel 27+28 nachzulesen.

Auf Malta erregte Paulus dadurch großes Aufsehen, dass er von einer Giftschlange gebissen wurde, aber davon nicht starb. Also meinte man, er sei ein Gott.

Unter weniger dramatischen Umständen erreichte Paulus, einige Monate später als geplant, die Stadt Rom, wo er von einigen christlichen Brüdern schon erwartet wurde. Dass es in Rom noch zu einem Prozess kam, ist unwahrscheinlich. Paulus lebte in einer Wohnung, die ihm zugeteilt wurde. Lediglich ein Soldat war ihm als Bewachung zugeteilt. Ansonsten lebte er frei, empfing Juden und Christen, diskutierte mit ihnen und erklärte ihnen die Botschaft Jesu.

Die Apostelgeschichte schließt mit den Worten: „Paulus aber blieb zwei volle Jahre in seiner eigenen Wohnung und nahm alle auf, die zu ihm kamen. Er predigte über das Reich Gottes und lehrte von dem Herrn Jesus Christus mit allem Freimut ungehindert."

Über sein weiteres Leben wissen wir nichts Genaues. Es heißt, dass er bei der ersten Christenverfolgung in Rom unter dem Kaiser Nero 64 n. Chr. hingerichtet worden sei.

Paulus und die Entstehung der christlichen Kirche

Ohne Zweifel war Paulus die herausragende Gestalt des frühen Christentums. Er formulierte die entscheidenden Glaubenssätze, setzte Schwerpunkte und grenzte sich gegen andere Glaubenslehren ab. So schuf er das Fundament, auf dem die christliche Kirche erbaut werden konnte.

Er gehörte zwar nicht dem ursprünglichen Jüngerkreis Jesu an – er selbst bezeichnete sich einmal als „Spätgeburt" – doch hat er die Botschaft Jesu so tief verstanden und so tief verinnerlicht wie kein anderer vor ihm. Er war der überragende Theologe der neutestamentlichen Zeit.

Die gedanklichen Voraussetzungen und der begriffliche Rahmen, mit dem dieser neue Glaube in den Wettbewerb mit den anderen Religionen der Antike eintrat, wurden von ihm entworfen. Ausgerüstet mit dem theologischen Werkzeug, das Paulus erarbeitet hatte, konnte dieser neue Glaube die Auseinandersetzungen mit den religiösen Strömungen der damaligen Zeit aufnehmen. Dabei haben sich die Klarheit seiner Gedanken und die Kühnheit seines theologischen Entwurfs als so überzeugend erwiesen, dass sich diese Botschaft des Neuen Testaments gegenüber der damaligen Religionsvielfalt nicht nur Gehör verschaffen, sondern auch durchsetzen und letztlich die Oberhand gewinnen konnte.

Der erste und entscheidende Schritt zur Bildung einer neuen Kirche war das Apostelkonzil in Jerusalem. Paulus hatte erkannt, dass die Anerkennung der jüdischen Gesetze und der Ordnungen des Tempelkultes auf der einen Seite und der Glaube an Jesus als den verheißenen Messias auf der anderen Seite, keinen dauerhaften Bestand haben konnte, solange der Hohe Rat in Jerusalem seine Meinung nicht änderte.

Nach dieser Klärung konnte der entscheidende missionarische Vorstoß in die antike Welt erfolgen und das Christentum seine universale Bedeutung gewinnen. Damit hatte Paulus das Christentum aus dem Judentum herausgelöst, aber einen endgültigen Bruch mit dem Judentum sorgsam vermieden. Vielmehr hat er mehrfach die enge Verbindung von Juden und Christen betont.

Nachdem diese Grundfrage gelöst war, konnte die eigentliche Heidenmission beginnen und die neue Kirche Gestalt annehmen. Jetzt stieß er in die geistigen Brennpunkte der griechischen Welt vor. Er besuchte Saloniki, Athen, Korinth, Ephesus und schließlich die Hauptstadt der Antike, Rom.

Dabei musste sich der christliche Glaube nicht nur gegenüber dem Judentum und anderen heidnischen Kulten, sondern auch gegen die römische Staatsmacht durchsetzen. Denn Religion war Staatssache und der römische Kaiser war der oberste Priester, der Pontifex Maximus. Diese römische Staatsreligion diente den Kaisern als stabilisierendes Element. Das heißt, jeder römische Bürger musste seine Staatstreue dadurch beweisen, dass er dem Kaiser ein Opfer darbrachte. Und je schwächer das römische Reich wurde, umso brutaler wurden die Maßnahmen, um diesen Kaiserkult durchzusetzen. Doch trotz der Christenverfolgungen, die unzählige Opfer forderten, gelang es, die Menschen im römischen Reich für diesen neuen Glauben zu begeistern. Diesem inneren Sieg musste die Kapitulation der Staatsmacht vor diesem Glauben früher oder später folgen.

Aber wie konnte die Kirche trotz der großen Hindernisse die Menschen überzeugen?

Zunächst waren die Vorbedingungen außerordentlich günstig. Die damalige Welt umfasste _ein_ Imperium, an dessen Spitze _ein_ Kaiser stand, der die oberste Autorität beanspruchte. Es gab ein gut ausgebautes Verkehrsnetz, das ungehindertes Reisen ermöglichte und es gab eine Kultur und eine Weltsprache, nämlich das Griechische.

Zudem hatte die römische Vielgötterei längst ihre Anziehungskraft verloren und die Entwicklung zu einem monotheistischen Glauben war unaufhaltsam.

Dass die Botschaft der Auferstehung Jesu von den Toten für viele Menschen damals eine überzeugende Antwort auf die bedrängende Frage des Todes gab, ist unbestritten. Ein wichtiger Faktor war dabei der lebendige, unverrückbare, standhafte Glaube der ersten Christen, die ihren Glauben oft mit dem Tode bezahlten. Da sowohl die Verhöre als auch die Hinrichtungen öffentlich waren, wurde eine breite Öffentlichkeit auf diesen Glauben aufmerksam und der Eindruck, den das Verhalten der Christen angesichts des Todes machte, muss bei vielen nachhaltig gewesen sein.

Diese Christen sind einen wirklichen Märtyrertod gestorben im Gegensatz zu den islamischen „Märtyrern", die sich selbst in die Luft sprengen und andere unschuldige Menschen noch mit in den Tod reißen.

Viele wurden auch angezogen durch die Liebestätigkeit, die die Christen entfalteten. Denn diese Fürsorge kam nicht nur den Gemeindegliedern, sondern allen Kranken, Gefangenen und Hilfsbedürftigen zu Gute. In einer Welt, in der das Wort Liebe eigentlich keinen Platz hatte, hat diese lautere selbstlose Liebestätigkeit oft mehr bewirkt als viele Worte.

Daraus ergibt sich, dass das Christentum nur mit friedlichen Mitteln verbreitet wurde.

Briefauszüge

Diese ursprüngliche Kraft und Lebendigkeit des christlichen Glaubens vermitteln uns heute am Besten die Briefe des Apostels Paulus. In diesen Schriften spürt man noch den Geist der Urchristenheit. Darum sollen ausgewählte Abschnitte aus diesen Briefen am Ende dieses Buches stehen.

Insgesamt enthält das Neue Testament 21 Briefe. Neben den Paulusbriefen gibt es noch Briefe des Petrus, des Johannes, des Jakobus und des Judas. Dieser Judas hat übrigens nichts zu tun mit dem Judas, der Jesus verraten hat. Man nimmt an, dass Jesus selbst noch einen Bruder hatte, der Judas hieß.

Mit diesen Briefen haben die Apostel mit den Gemeinden, die sie gegründet hatten, Kontakt gehalten, ihren Glauben dargelegt, aber auch auf bestimmte Fragen, die ihnen gestellt wurden, geantwortet. Oft erkennen wir in den persönlichen Beiträgen, wie die Apostel damals gelebt und welche Strapazen sie auf sich genommen haben.

Trotzdem sind ihre Ausführungen, der alten Ausdrucksweise wegen, für uns heute nicht mehr so leicht verständlich. Die komplizierten theologischen Gedankengänge von damals sind in unsere Begriffswelt nicht leicht zu übertragen.

Darum werden die folgenden Abschnitte nicht immer textgenau, sondern sinngenau übersetzt. Dabei soll das Bemühen deutlich werden, eine einfache und für den heutigen Leser verständliche Sprache zu sprechen.

Die Auswahl der Textstellen soll das weite Spektrum der apostolischen Lehre wiedergeben.

Wer kann noch gegen uns sein?
Römer 8, 31-35 und 37-39

Wenn Gott für uns ist, wer kann dann noch gegen uns sein? Gott hat seinen eigenen Sohn für uns gegeben. Also sollte es auch in Gottes Macht liegen, uns all das zu schenken, um das wir ihn bitten. Wer könnte es wagen, diejenigen, die zu Gott gehören, noch anzuklagen? Niemand, denn Gott allein wird für sie ein gerechter Richter sein.

Wer kann sie verurteilen? Niemand, denn Jesus Christus ist für uns gestorben, er ist vom Tode auferstanden und er sitzt zur Rechten Gottes und er tritt für uns ein.

Was also könnte uns von der Liebe Christi noch trennen?

Vielleicht Leid, Angst, Verfolgung, Hunger, Armut, Gefahr oder der Tod? Nichts, denn wir werden das alles überwinden durch den, der uns seine ganze Liebe geschenkt hat.

Denn ich bin ganz sicher: Weder Tod noch Leben, weder Engel noch Dämonen, weder Gegenwärtiges noch Zukünftiges, noch irgendwelche Gewalten des Himmel oder der Hölle oder sonst irgend etwas können uns von der Liebe Gottes trennen, die er uns in Jesus Christus, unserem Herrn, bewiesen hat.

Der Ölbaum
Paulus erklärt das Verhältnis der Christen zu den Juden.
Römer 11, 17-21 und 24

Einige Zweige dieses Ölbaumes sind ausgebrochen worden. An ihrer Stelle wurdet ihr als Zweige eines wilden Ölbaums aufgepfropft, so dass ihr nun aus den Wurzeln und den Säften des edlen Ölbaums leben könnt. Bildet euch aber deshalb nicht ein, besser als die ausgebrochenen Zweige zu sein. Denn nicht ihr tragt die Wurzel, sondern die Wurzel trägt euch. Nun könnte jemand einwenden: Man hat die Zweige ausgebrochen, damit die neuen Zweige Platz haben. Das ist richtig. Sie wurden ausgebrochen, weil sie nicht glaubten. Und ihr seid an ihrer Stelle, weil ihr glaubt. Deshalb seid nicht hochmütig, sondern passt auf, dass es euch nicht genauso ergeht.

Bedenkt: Gott hat euch als Zweige eines wilden Ölbaums dem guten Ölbaum aufgepfropft. Wie viel mehr wird Gott bereit sein, die ausgebrochenen Zweige wieder auf den Ölbaum zu pfropfen, auf den sie ursprünglich gehörten.

Was es heißt, christlich zu leben?

(Römer 12, 9-18 und 21 und Römer 14, 10+12)

Eure Liebe muss aufrichtig sein. Und wie ihr das Böse hassen müsst, so sollt ihr das Gute lieben. In herzlicher Liebe sollt ihr miteinander verbunden sein und gegenseitige Achtung soll euer Zusammenleben bestimmen. Setzt euch unermüdlich für Gottes Sache ein. Lasst das Feuer des heiligen Geistes in euch brennen und steht Gott jeden Augenblick zur Verfügung. Seid fröhlich in der Hoffnung, geduldig in der Trübsal und seid beharrlich im Gebet.

Helft anderen Christen, die in Not geraten sind und seid gastfreundlich. Wenn Menschen euch das Leben schwermachen, so betet für sie, statt ihnen Schlechtes zu wünschen. Freut euch mit den Fröhlichen und weint mit den Traurigen.

Seid einmütig untereinander und streitet nicht. Versucht nicht immer hoch hinauszuwollen, sondern seid euch auch für geringe Dinge nicht zu schade. Hütet euch vor Selbstüberschätzung und Besserwisserei.

Vergeltet nicht Unrecht mit neuem Unrecht. Seid darauf bedacht, allen Menschen Gutes zu tun. Soweit es möglich ist und von euch abhängt, lebt mit allen Menschen in Frieden.

Lass dich nicht vom Bösen besiegen, sondern besiege das Böse durch das Gute.

Mit welchem Recht verurteilst du eigentlich einen anderen? Und warum verachtest du deinen Bruder, nur weil er sich anders verhält? Vergiss nicht, dass wir alle einmal vor Gott stehen werden und er über jeden von uns urteilt. So wird also jeder für sich selbst vor Gott Rechenschaft ablegen müssen.

Das Leben ist ein Wettkampf

1. Korinther 9, 24-27

Ihr wisst doch, dass von denjenigen, die in einem Stadion zum Wettkampf starten, nur einer den Siegespreis in Empfang nehmen kann. Lauft also, dass ihr ihn gewinnt. Um zu gewinnen, muss jeder Wettkämpfer auf vieles verzichten. Die einen kämpfen, um einen Siegeskranz zu erhalten, der bald verwelkt. Wir aber tun es, weil ein unvergänglicher Kranz für uns bereitliegt. Ich weiß genau, wofür ich kämpfe. Ich laufe geradewegs auf die Ziellinie zu. Dabei muss ich mich auch gegen diejenigen, die mich vom Ziel abbringen wollen, wehren und meinem Körper einiges zumuten, damit ich fit bleibe. Aber ich kann nicht andere zum Kampf auffordern und selbst vorzeitig aufgeben.

Die Kirche sollte ein lebendiger Organismus sein

1. Korinther 12, 12-27 (in Auswahl)

So wie unser Leib aus vielen Gliedern besteht und diese Glieder zusammen einen Leib bilden, so besteht auch die Gemeinde Christi aus vielen Gliedern und ist doch ein einziger Leib. Denn wir haben einen Geist empfangen und sind durch die eine Taufe in diesen Leib hinzugefügt worden.

Ein Körper besteht aus vielen einzelnen Organen, die alle ihre besondere Funktion haben. Darum kann das Auge nicht zur Hand sagen: Ich brauche dich nicht. Und der Kopf nicht zu den Füßen: Ihr seid überflüssig. Oft sind ja gerade die Organe des Körpers, die klein und unscheinbar sind, besonders wichtig.

Also sollte unser Leib eine Einheit sein, in der jedes einzelne Körperteil für das andere da ist und ihm dient.

Darum hat Gott in der Gemeinde jedem seinen Platz zugewiesen und der eine ist genau so wichtig wie der andere.

Ohne die Auferstehung Jesu ist der christliche Glaube nichtig

1. Korinther 15, 12-14+19

Obwohl uns im Evangelium gesagt wird, dass Gott diesen Jesus von den Toten auferweckt hat, behaupten immer noch einige, eine Auferstehung der Toten gebe es nicht. Aber wenn es keine Auferstehung der Toten gibt, dann kann auch Christus nicht auferstanden sein. Wäre aber Christus nicht auferstanden, hätte unser Predigen keinen Sinn und euer Glaube wäre ohne Wert.

Wenn der Glaube an Christus uns nur für dieses irdische Leben Hoffnung gäbe, dann wären wir die bedauernswertesten unter allen Menschen.

Lasset euch mit Gott versöhnen

2. Korinther 5, 17-20 und Kolosser 2, 14 f.

Gehört jemand zu Christus, dann ist er ein neuer Mensch. Was vorher war, ist vergangen und vergeben. Etwas ganz Neues hat begonnen. All dies verdanken wir Gott, der durch Christus mit uns Frieden geschlossen hat. Er hat uns beauftragt, diese Botschaft überall zu verkünden. Gott hat dadurch mit uns Frieden geschlossen, dass er uns nicht mehr die Rechnung präsentiert für das, was wir alles falsch gemacht und wie oft wir gegen seinen Willen verstoßen haben, sondern dass er uns vergibt.

Als Botschafter Christi fordern wir deshalb im Namen Gottes alle Menschen auf: Lasset euch mit Gott versöhnen.

Niemals hätten wir das, was wir Gott schuldig sind, von uns aus wieder gutmachen können. Darum hat Christus den Schuldschein genommen, ihn zerrissen und an das Kreuz geheftet, an dem er selbst gestorben ist. Damit ist gesagt: Alles ist wieder gutgemacht. Alles ist zurückbezahlt.

Alle Menschen können Bausteine des Hauses Gottes werden

Epheser 2, 14-22 (in Auswahl)

Jesus Christus hat Frieden gebracht, weil alle Mauern, die trennend zwischen Menschen standen, für ihn keine Bedeutung mehr haben. Durch Christus dürfen alle Menschen, ob sie nun Juden waren oder einem anderen Glauben zugehörten, vereint in einem Geist, zu Gott dem Vater kommen. Keiner ist ausgeschlossen. Alle können nun zum Volk Gottes, zu seiner Familie, gehören.

Wir alle sind kleine Bausteine, die zu einem großen Bau zusammengefügt werden. Als Gemeinde Jesu Christi stehen wir auf dem Fundament der Apostel und Propheten. Doch der Bau wird getragen und zusammengehalten durch Jesus Christus selbst. Er ist der Eckstein und mit ihm steht und fällt der ganze Bau. Durch ihn werden alle Teile untereinander fest verbunden und können so zu einem heiligen Tempel Gottes heranwachsen. Auch ihr seid ein Teil dieses Baus, im dem Gottes Geist wohnt.

Ein wahrer Glaube muss sich auch durch Taten beweisen

Jakobus 2, 14-17

Wenn jemand behauptet, an Jesus Christus zu glauben, dann muss das auch an seinen Taten sichtbar werden. Nur dann kann er vor Gottes Urteil bestehen.

Stellt euch vor, ein armer Mensch käme in die Gemeinde und würde mit folgenden frommen Worten verabschiedet: „Gehe hin im Frieden des Herrn und wir wünschen dir von Herzen, dass du jemanden findest, der dir Kleidung und etwas zu essen gibt."

Und der arme Mensch würde von euch gehen, ohne dass ihr ihm geholfen habt, dann wären eure Worte leere Floskeln und euer Glaube wäre tot.

Die Zunge – ein gefährliches Organ

Jakobus 3, 2-12

Nur wer seine Zunge zügelt, der kann seinen ganzen Körper in Zaum halten.

Wenn wir zum Beispiel den Pferden das Zaumzeug ins Maul legen, können wir sie damit zwingen, uns zu gehorchen. Und selbst die großen Schiffe, die von starken Winden vorangetrieben werden, lenkt der Steuermann mit einem kleinen Ruder. Genauso ist es mit unserer Zunge. So klein sie auch ist, so gefährlich kann sie sein. Ein böses Wort kann einen Flächenbrand auslösen und großes Unrecht anrichten. Es gibt nichts und niemand, der vor ihrem Höllenfeuer sicher ist.

Die Menschen haben es gelernt, wilde Tiere, Vögel, Schlangen und Fische zu zähmen und unter ihre Gewalt zu bringen. Aber seine Zunge kann der Mensch kaum zähmen. Ungebändigt und unkontrolliert kann sie ihr tödliches Gift verbreiten.

Mit unserer Zunge loben wir Gott, unseren Herrn, und mit derselben Zunge können wir unsere Mitmenschen, die doch nach Gottes Ebenbild geschaffen sind, verfluchen.

Segen und Fluch können aus demselben Mund kommen. Doch davor hütet euch!

Fließt denn aus einer Quelle gleichzeitig frisches und ungenießbares Wasser? Oder kann man Oliven von Feigenbäumen pflücken oder Feigen vom Weinstock? Nein! Eine Salzwasserquelle kann unmöglich süßes Wasser geben, sondern nur eine gute Quelle.

Das hohe Lied der Liebe

1. Korinther Kapitel 13

Wenn ich mit Menschen- und mit Engelszungen redete
und hätte die Liebe nicht,
dann wäre ich ein dröhnendes Erz oder eine klingende Schelle.

Wenn ich reden könnte wie ein Prophet
und ich wüsste alle Geheimnisse
und ich hätte alle Erkenntnisse
und mein Glaube wäre so groß,
dass ich damit Berge versetzen könnte
und hätte die Liebe nicht,
dann wäre ich nichts.

Und wenn ich all meine Habe den Armen gäbe
und gäbe sogar meinen Leib hin
und hätte die Liebe nicht,
so wäre es mir nichts nütze.

Die Liebe ist langmütig und freundlich.
Die Liebe ereifert sich nicht,
die Liebe prahlt nicht
und bläht sich nicht auf.

Sie handelt nicht ungehörig,
sie sucht nicht ihren Vorteil,
sie lässt sich nicht erbittern,
sie trägt das Böse nicht nach.

Sie freut sich nicht über das Unrecht,
sondern sie erfreut sich an der Wahrheit.

Sie erträgt alles,
sie glaubt alles,
sie hofft alles,
sie erduldet alles.

Die Liebe hört niemals auf.
Auch wenn das prophetische Reden einmal endet,
das mystische Reden von Gott einmal aufgegeben wird
und irgendwann nichts Neues über Gott mehr gelehrt wird.

Denn unser Wissen über Gott bleibt Stückwerk,
und alles prophetische Reden über Gott ist Stückwerk.

Aber irgendwann, wenn das Vollkommene erscheint,
wird das bruchstückhafte Erkennen vorbei sein.

Als ich noch ein Kind war,
da redete ich wie ein Kind,
dachte wie ein Kind
und urteilte wie ein Kind.
Als ich aber ein Mann wurde,
da habe ich das Kindliche abgelegt.

Jetzt sehen wir die Wahrheit noch etwas verschwommen,
wie in einem Spiegel,
aber irgendwann werden wir Gott von Angesicht zu Angesicht schauen dürfen.
Bis dahin wird mein Wissen über ihn nur sehr unvollkommen sein,
aber dann werde ich ihn richtig erkennen,
so wie ich von ihm schon erkannt bin.

Was uns bis dahin bleibt ist der Glaube, die Hoffnung und die Liebe,
aber am größten unter ihnen ist die Liebe.